どうする、野党!?
「大きな政治」と「新しい改革」で、永田町の常識を喝破！

直諫の会

はじめに
令和発、立憲民主党 中堅・若手の〝行動する派閥〟それが直諫の会です

「国家が国民のために何を為し得るかではなく、国民が国家のために何を為し得るかを問うてほしい」。ジョン・F・ケネディ大統領の有名な演説の一節です。

なぜこの言葉が、時代を超え、日本人の間でも引用され続けるのでしょうか。

いまの政治家が、国民に迎合するばかりで、ほんとうに語るべきことを語らなくなり、国益を懸けて国民とともに戦う姿勢を失ったからではないでしょうか。

小選挙区の導入により、政治家が小粒になったと言われます。常に過半数の有権者の支持を得なければ当選できないから、少しでも不人気になるようなことは言わない。バラマキをすることは語るが、財源負担のことは語らない。国会質疑は、ワイドショーで即日取り上げられるテーマが優先され、大局的・長期的な国家論は二の次になる。

しかし、はたして実際、国民はそんな政治を望んでいるのでしょうか。昨今の低い投票率は、

政治への失望感や政治家のリーダーシップへの期待のなさを物語っているのではないでしょうか。

いま、日本の先行きが不透明ななか、政党は明確な国家ビジョンを示すべきときです。政治家は、本来持つべき権力闘争のエネルギーを充塡し、国民の期待に応え、社会の閉塞感を打ち破るべきときです。

旧民主党政権を経験していない新世代の議員を中心に結成

こんななか、2019(令和元)年10月24日木曜日、我々は「直諫(ちょっかん)の会」を設立しました。

立ち上げ当初のメンバーは10名ほどでした。旧民主党政権を経験していない当選3期以下(設立当時。現在は4期以下)の議員が、旧立憲民主党、旧国民民主党、無所属(社会保障を立て直す国民会議)とバラバラの会派に所属しながらも、地方の医療事情や農業現場の視察、定期的な政策議論を重ねつつ結束し、自民党には絶対できない改革、すなわち政権奪取しなければ実現できない政策を掲げ、そのために野党は多少の政策や肌合いの違いを乗り越え、大きくまとまらなければならない! という強い決意を持って設立しました。

「行動する派閥」へ

より強固な結びつきのグループであることを示すため、直諫の会はこれまでの野党では使われることのなかった〝派閥〟という言葉をあえて謳(うた)うこととしました。

ここで言う〝派閥〟とは、野党として責任ある国家ビジョンを掲げ、それを実行に移すため、政権獲得の原動力となることを目的とした、覚悟ある若き政治家の〝強い塊〟を意味しています。個々人がスタンドプレーで目立つことより、組織人として地道に国会や党の実務に貢献しつつ、毎週木曜日のお昼にハコ弁当をつつきながら定例会を続け、ときには夕刻の都内の駅前で街頭演説を行います。そして、ほかの議員の選挙があれば、先頭に立って応援に入る。「行動する派閥」なのです。

我々は、まさに国民が渇望するように、政治家として誠実に語り、具体的に行動し、国民とともに戦う政治を目指しています。

後述するように、立憲民主党を根本から叩き直し、政策の主軸をハッキリ示してオール野党を結集し、閉塞感のある自民党政治を打ち破って、政権をとるのです。

「直諫」は一番槍より難し

会の名前となった「直諫」とは、徳川家康が愛読したと言われる、中国古代の王朝・唐の2代太宗皇帝の言行録『貞観政要（じょうがんせいよう）』のなかの「直言敢諫（ちょくげんかんかん）」に由来しています。たとえ位が上の者に対してであっても、言いにくいことを「真っすぐに物申す」という意味があります。

「直諫は一番槍より難し」（だれであろうがまっすぐに物申す者は、勇猛果敢な一番槍を刺す武者よりも尊ぶべき）と、徳川家康が言ったとも伝わっています。世を治める為政者の側からすれば、耳に痛い諫言を聞き入れることが、良い世の中をつくる心得となるとの教えでもあります。

野党の国会議員がいざ「物申す！」なんて言うと、なんでも政権批判し、反対する姿を想像する方もいるでしょうが、〝直諫〟は足を引っ張る批判でなく、「建設的な批判」を意味します。与党や政府のみならず、自党の執行部に対しても遠慮や忖度なく行動し、〝直諫〟します。

直諫の会結成まもないころ、旧立憲・国民の合流協議がなかなか進まない事態に業を煮やした我々は、「一刻も早く合流すべし」と両党幹部に〝直諫〟しました。「若手だけの派閥とは聞いたことがない」とベテラン議員から首をかしげられたものです。その後、合流は一定程度進展しましたが、いまだ野党分裂の状態が続いており、我々が取り組むべき課題の一つはここにあります。

15人が新たな政策、政権奪取への思いを伝える

会の発足から4年弱が経過し、コロナ禍が落ち着いて少しずつ日常が戻りはじめた一方、ロシアのウクライナ侵略が長期化し、北朝鮮によるミサイル発射が相次ぐなど、国際情勢はいよいよ緊迫してきました。毎週の直諫の会の例会でも議題は外交・防衛や国際経済をはじめ内外が揺らぐ大きな問題に移り、熱い議論が繰り返されています。

しかしながら、会議内容が公開されることはなく、各議員がそれぞれどんな政策プランや問題意識を持っているのか、国民、有権者のみなさまにご理解を得る機会がありません。

そこで、2023（令和5）年3月、我々の新たな政策、そして政権奪取に向けたロードマッ

プを思う存分伝える機会として、出版企画が浮上しました。

そして、第211回通常国会の会期中、メンバーそれぞれが本会議登壇、委員会質疑で多忙を極めるなか、原稿執筆を進めるとともに、鼎談（ていだん）のスケジュール調整（これが一番大変！）を行いました。

本書で語られているテーマや政策などは、2023（令和5）年5月時点のものです。政治は〝ナマモノ〟で、時間の経過、その時々の状況で裏表がひっくり返ることが多々あることもご了承いただきながら、我々の政治への熱い想いを読み取ってください。

2023（令和5）年8月吉日　直諫の会　編集委員一同

目次

Prologue

立ちすくむ政界に挑む大構想。
「大きな政治」と「新しい改革」を掲げ、
いまこそ宣言する。

直諫(ちょっかん)の会内閣を誕生させる

これは、直諫の会としての決意表明です。
古い永田町・メディアの常識や、与野党の不毛な対立、
数多くの課題が先送りされる政治が続き、
若者に希望ある未来は見通せません。
もはや待ったなし。
いよいよ直諫の会が政権をとりにいきます！

21世紀の令和の時代にふさわしい「大きな政治」とは

政党のカラーを明確かつ前向きに。永田町の常識は捨て去る

発足から4年目の直諫の会は今後、中央政界でなにを目指し、どんな役割を果たすのか。まず最初に、我々が所属する立憲民主党のカラーを明確かつ前向きなものにします。その際、政界で使われる「右・左」「保守・リベラル」の色分けを捨て去る必要があります。現に、いまの立憲民主党は、「かたくなな左派政党のイメージ」などと言われます。

しかし、実際はそうでもありません。たとえば、立憲民主党の「自衛隊員応援議員連盟」は、ほぼすべての国会議員が参画する党内最大の議連です。安全保障部門の会議では、東アジアの安全保障情勢に対応し、防衛費増額を含む防衛力強化のあり方が精力的に議論され、今年の通常国会では、防衛産業や防衛装備技術を振興する法案に賛成しました。

「かたくなな左派」のイメージとはずいぶん違いますね。まあ、こうした政策の下支えには、必ずと言っていいほど、直諫の会メンバーが動いているのですが。

永田町やメディアの古いレッテルや常識は、これからの政治を語る上で、もはや有害です。

たとえば、直諫の会会長の重徳和彦議員は、靖国神社を参拝しているから「保守政治家」と言われることがあります。しかし同時に、LGBT差別禁止法案や選択的夫婦別姓には全面賛成ですから、「リベラル政治家」なのか。どっちなのでしょう。こんなこと、論じる価値がありません。

憲法は、変えるべきは変え、守るべきは守る。改憲・護憲の仕分けは古い

古色蒼然(こしょくそうぜん)たる「改憲・護憲」の固定観念も有害ですね。

そもそも日本国憲法は、他国の憲法と比べ条文が少なく、国の骨格となる最低限の規定が書かれていると解されます。しかし、その視点でも、公布から77年経った現行憲法は、戦後激変を遂げた日本社会や時代に合わなくなった部分も出てきており、現行憲法の本旨を発展させるためにも、国民の権利義務や国際社会での役割など改正・追加すべき条文があるのは当然です。

とくに、経済大国として世界に果たす役割や、資源少国として安全保障上の主因となる情報技術や食料やエネルギーの確保、島国であり山国でもある国として守るべき国土の価値など、国家国民にとって死活的に重要な事柄は、前文や条文できちんと規定し、国家の指針とすべきです。

他方、大切に守らねばならない条文もあります。天皇制（1条から8条）と平和主義（9条）は日本国憲法のもっとも崇高な特徴です。とくに、平和が続き、戦争の悲惨さを体験した先人たちが激減するなかで、戦争を知らない世代の我々が9条改正を勇ましく論じることは慎重にならなければなりません。

自民党の古賀誠元衆院議員が訴えておられる「憲法九条は世界遺産」は、戦前を知る政治家の重い言葉です。平和国家としての世界からの信頼は、一朝一夕で確立できるものではありません。

このように、国際社会のなかで日本の国柄を大局的にとらえる「大きな政治」に基づいて憲法

を論じる我々は、「改憲派」「護憲派」のどちらなのか。論じる意味すらありません。

原発に賛成か反対か、古く偏狭な色分け

原発政策も同様です。

直諫の会は、将来の再生可能エネルギー大国を目指し、省エネ・再エネへの投資を飛躍的に高め、大手電力会社とも協調して、化石燃料、原発に依存しない日本型の環境調和社会を一日でも早くつくります。

しかし、その過程はきわめてリアルに考えています。原発や化石燃料により支えられる現在のエネルギーシステムからの脱却には一定の期間がかかります。当面は、安全の確保できた原発については再稼働を許容しつつ、耐用年数を超えた原発の廃炉、使用済核燃料の廃棄にも支障が出ないよう、原子力技術の維持についてもあわせて手を打たねばならないのは当たり前のことです。

我々の仕事は、地球規模の環境エネルギー政策を中長期で進める「大きな政治」であり、原発「賛成派」か「反対派」か、などという偏狭な選択肢に押し込められるものではありません。

立憲民主党は、ハッキリした主張を

立憲民主党が憲法や原発について明確な主張をせず、モタモタするうちに、他党やマスコミから古くて極端なイメージに追い込まれることは、きわめて不本意なことです。

我々は「大きな政治」を掲げ、党の政策の主軸をハッキリさせ、古いレッテルそのものを覆し、国会論戦を活性化させます。重要政策について、国会で本質的な議論がなされぬままでは、ほんとうに不利益を被るのは、大切な論点が伝わることのない国民のみなさまだからです。

政権奪取へのロードマップ1
「なんのための政権奪取かを明らかにする」

「新しい改革」を断行し、国民への光の当て方を変える

特定の政党があまりに長く政権を担い続けることは、健全な民主主義国家では想定されていません。日本でこのまま自民一強が続くようでは、近隣の非民主主義国家を笑えません。

政権交代は、地球の自転のようなもので、昼と夜が定期的に交替して初めて、人間にとって健全な環境が整うのです。5年から10年に一度、みんなが夜明けを迎え、光が行き渡る。

直諫の会は、以下の考え方で「新しい改革」を断行します。政権奪取の大義です。

賃金への還元、働き方改革、増子化社会、予防医療、国立農業公社……

日本はこの30年間、賃金が上がらず、驚愕の「安い国」に成り下がりました。自民党政権は、

米国流の資本主義システムを採用し、働く現役世代よりも、投資家の利益を優先してきたからです。我々が政権をとれば、「会社は公器」として、利益は株主だけでなく、社員や取引先の中小企業、地球環境にも還元して経済全体を活性化させます。「働き方改革」が進まないのも、非正規労働者が増えて所得格差が広がってきたのも、働く層を軽視する政治が続いたからであり、我々はこれを大きく転換させます。

少子化対策も同様です。歴代政権はこの根幹問題を、初入閣の少子化担当大臣に、ほかの所掌と兼務で担当させてきました。我々なら、だれもが子どもを産みたい、育てたいと自然に思える温かい地域社会づくり＝「増子化社会」づくりを、すべてに優先する政策と位置づけ、副総理級の専任大臣が全省庁ににらみを利かせ、政権を挙げて取り組みます。

現行の医療制度は、治療が中心で、自民党と日本医師会がつくってきた、いわば「患者が増えれば医師が儲かる」制度です。高齢化で生活習慣病への予防医療が重要となったいま、我々は国民本位の立場に立ち、予防中心で、むしろ患者を減らす「日本版家庭医制度」（後述）を実現します。

20年後に農家が4分の1に激減すると言われるなか、中山間地域や第一次産業の重要性を軽視してきた現政権に対して、我々は農山村の役割に光をあて、「国立農業公社」を設立し、都会から来る若い就農者の生活を支え、「国土と食の安全保障」という国益重視の政権をつくります。

政権奪取へのロードマップ2
「立憲民主党を叩き直し、主軸をハッキリさせる」

「批判ばかり」のイメージを吹き飛ばす。世代交代で党を刷新

立憲民主党は、「政府の批判ばかりしている」と言われます。

ここには2009年の〝成功体験〟があるのでしょう。旧民主党は、不祥事まみれの自民党政権を徹底批判し、財源を度外視したバラマキ的な公約を掲げて「政権交代」を実現しました。しかし、もう〝2匹目のドジョウ〟はいないのです。

我々は、前述の「新しい改革」の断行を訴え、「批判ばかり」のイメージを吹き飛ばします。

そもそも出生率1・26、食料自給率38%、高い自殺率といった事実に不安を感じない国民はいないのに、自民党政治は、近視眼的な現世代重視。ずっと昔からわかっていた問題に向き合おうとせず、現状維持を続けてきました。

一番かわいそうなのは、犠牲となる若者であり、そうであれば我々の役割は明らかです。現状維持の現政権と対峙し、漠然とした不安や諦めを感じる若者の立場から、大局に立った「大きな政治」と「新しい改革」を断行すること。

もう一つ、立憲民主党自身が本気で取り組むべきは、世代交代です。

実は、党所属の若手議員の多くは、それぞれの地元で地べたを這う地道な活動を続け、有権者

から信頼を得て、「党より人。あなたを応援している」と言われ、逆風の選挙を乗り越えてきています。

もはや民主党政権の下野以降に初当選した議員をはじめとする中堅・若手議員は、全議員の6割を占めています。そろそろ新しい風を吹き込み、党の看板を追い風に変えることが不可欠です。

直諫の会から党代表を出す

立憲民主党には、衆目の一致する次のリーダーが不在と言われています。であれば、実力は未知数でも、自ら勇気を持って立ち上がる人間が現れなければならない。

「政権をとる」という最終目標に向けた第一歩として、直諫の会は、立憲民主党の代表を出します。

代表選挙は、党運営において唯一、一般党員が直接参加できるプロセスであり、メディアやネットを通じて、全国民に対して野党のあり方を巡る論戦を見せる機会となります。

大事なことは、代表選挙において、党の政策と運営方針を明確化し、党の主軸をハッキリさせることです。すなわち代表選挙では、本書で示す直諫の会の「大きな政治」と「新しい改革」の考え方を余すところなく訴え、貫くということです。

政権奪取へのロードマップ3「政権をとりにいく」

オール野党を丸ごと与党に

解散総選挙となれば、直諫の会がリードする立憲民主党は、代表選でも明確に打ち出した、自民党には絶対に実現できない政策の柱をぶちあげ、国家と社会がどれほど希望と活力に満ちたものに変わるかを国民に明確に示します。

我々の最終目標は、立憲民主党という小さな器を仲間とともに大きくしつつ、オール野党を丸ごと与党にすることです。政策の一致を前提に、オール野党を結集する。それを実現するためには、どんな我慢も厭(いと)いません。

総選挙で政権をとり、直諫の会の内閣をつくる

総選挙で政権をとるには、候補者を全選挙区で擁立しなければなりません。参院選や各地の地方選も勝利せねばなりません。直諫の会が野党の主軸を担う以上は、直諫の会として、候補者(特に女性・若者、また自民党政治に飽き足らない地方議員・官僚・経営者など)を各地に擁立して戦い続けます。

政権をとり、直諫の会の代表を総理大臣とする内閣を誕生させる。

「増子化社会づくり大臣」には副総理級を置き、すべての政策に優先して制度と財源を確保し、日本のすみずみまで、だれもが子どもを産みたい、育てたいと自然に思える、温かさに満ちた地域に生まれ変わらせます。

「国際戦略省」を設置し、世界市場を視野に、国が経済・環境・新産業政策をリードして国民に富を還元し、平和構築・教育分野の交流を含めた外交・安保で国益を増大する体制を築きます。

政権構想を示し、理想の国を語り、政権奪取に向かうのは直諫の会の使命

「なにを夢のようなことを言っているのか」と笑う方もいるかもしれません。

しかし近年、自民一強・野党多弱の政治体制が続きすぎたせいか、野党の議員が束になって、本気で自分たちの政権構想を示して、「なにがなんでも、こういう国をつくる!」と国民に対してまっすぐに語る姿を見たことはありません。

直諫の会には、4年間、地道な活動で培った力を、政権奪取に向けていく使命があります。

本書では、直諫の会メンバーが、経済から社会保障、外交防衛などの政策分野について、それぞれ専門的な知見を持ち寄って鼎談を行い、できる限りわかりやすく語り合っています。

いまの政治に足りないのは〝わくわく感〟。

近い将来、我々が実際に国政の舵取りの立場に就いたときには、「よくやった!」「どんどんやれ!」と応援してください。

Chapter 1

15 風雲児、覚悟の直諫（ちょっかん）

重徳和彦の直諫

地域に根ざすことこそが、国家を動かす原動力だ

重徳和彦（しげとく・かずひこ）

1970年12月21日生まれ。3児の父。

サラリーマンの社宅生まれ。岡崎高校・東京大学法学部卒（高校・大学の7年間ラグビー部）。総務省（旧自治省）入省。山形県・青森県・広島県に出向し、財政や市町村合併を担当。2003年、総務省消防庁災害対策官（新潟県中越地震で崖崩れ現場からの2歳児救出作業に従事）。各地でNPO活動や「おやじの会」、まちおこしに取り組む。公務員参加型NPOを推進し、「地域に飛び出す公務員ネットワーク」を設立、全国2000人超が参加。

2011年、愛知県知事選挙に自民党県連推薦で出馬（次点で落選）。

2012年、第46回衆議院議員総選挙に日本維新の会から出馬、初当選（以降４期連続当選）。予算委員会で「増子化（ぞうしか）社会づくり」を提唱。日本の法律に初めて「アレルギー」の言葉を作る。

2017年の衆議院議員総選挙では無所属で当選。

2019年、派閥グループ「直諫の会」会長に就任。

2020年、立憲民主党に合流。趣味は、アレルギーのある息子のための米粉ケーキづくり。

https://www.shigetokukazuhiko.jp/

自治官僚として「地方の時代」を体感。地域密着の政治スタイルの原点がここに

愛知県三河地方の自動車メーカーで働くサラリーマンの社宅で生まれた私は、親の転勤で幼少期の3年間をロサンゼルスで過ごし、帰国直後は他人の家に靴のまま上がったり、学校ではアメリカで流行っていた恐竜の絵を描いて同級生の人気を博したり、ちょっとトンだ子どもでした。日本は、この半世紀で激変しました。その激変には、生活水準が上がり経済大国に生まれ変わった面と、過疎地域の商店街のように衰退し変わり果ててしまった面があります。そして、「一億総中流」の国民が「ふつう」に生き「ふつう」に暮らせた時代は過去のこととなりました。

大学を卒業し、当時の自治省（現・総務省）に入省したのはバブル崩壊後の1994（平成6）年でした。その前年に誕生した細川連立政権では、熊本県知事から首相となった細川護熙さんが「地方のバス停を10m動かすにも中央政府の許可が要る」と、中央集権の不条理と地方自治の重要性を訴えました。

そして、地方分権や市町村合併が国家的施策となったことに呼応するように、「改革派首長」が地方への権限移譲を求め、国に挑戦状をたたきつける姿や、自治体の存亡を懸けた合併に臨む首長や議員の覚悟を、目の当たりにしました。20～30代の通算8年を地方の現場で過ごしたことから、政治が社会を変えていることを体感しながら、「これからは地方の時代だ」と確信したこ

とをいまも鮮明に記憶しています。

仕事のかたわら、青森では雪国の交通問題を解決するＮＰＯ、広島では模擬議会を実践するＮＰＯを設立。また、「おやじの会」をつくって、防犯や食育などに取り組み、青森の大間ではマグロ祭りの企画にも携わり、公務員も地域の一員だと独自の主張を展開。「地域に飛び出す公務員ネットワーク」を立ち上げ、全国２０００人以上の公務員仲間に広げました。

激変した日本を再び輝く国にするため、新しい世代の政治家の出番が来た

一方、90年代に、ニューヨークのコロンビア大学へ留学したことで、「会社は株主のもの」であり、M&Aやコスト削減など、株で短期利益を稼ぐことを主眼とする〝最先端〟の米国流経営を知りました。

「日本は10年先を行く米国の後を追う」との役所の先輩の言葉どおり、２０００年代に入ると、日本も市場と効率を重視し、時に弱者が切り捨てられる小泉改革が進められ、その後の格差拡大につながりました。日本の政治は、日本人が決めるものではないのか？　と疑問が浮かんだのがこのころです。

２０１１（平成23）年2月、さまざまな思いを持って私は地元愛知県の知事選に出馬します。しかし、トリプルスコアの大敗。立ち上がることができないほど強烈な選挙の洗礼を浴びました。それでも２０１２（平成24）年12月、維新から初出馬し、衆議院議員に初当選し、政治家としての一歩を踏み出しました。出馬した際、大阪都構想や道州制などの地方自治制度のあり方を、国でなく、地域住民自身で決めようという改革精神に魅かれたものです。いまや本気で地方自治制度の根本改革を訴える国政政党はほぼ皆無です。

日本を俯瞰（ふかん）すれば、国土は3分の2が山です。森林を守らねば水源が損なわれ、都市部は災害にさらされ、農山漁村が衰退すれば食料自給ができず、国家は存続できません。防衛力を強化するだけでなく、国土と食を守れなければ、国民や国家を守ることはできないのです。

私の地元、岡崎市は広大な森林を抱える旧額田町と合併し、西尾市は豊かな三河湾に面する旧幡豆郡3町と合併しました。その昔、徳川家康公が生誕し、戦後は製造業で発展した三河地方は、豊かな農林漁業が根ざす地域でもあります。この地勢的な環境や、まさにいまカーボンニュートラル（脱炭素）や自動運転など百年に一度の大転換期を迎える自動車産業の存在が、政治家としての私に重要な視座を与えてくれ、国家を動かす原動力になっています。

国民が「ふつう」に安心して暮らせる世の中をつくるのが難題になるなか、時代に即した課題に立ち向かわずして、政治の意義はありません。いよいよ新しい世代の政治家の出番です。

中島克仁の直諫
算術になった医療を仁術に戻せ

中島克仁（なかじま・かつひと）

1967年9月27日生まれ。

甲府市立羽黒小学校、甲府市立北西中学校。

山梨県立韮崎高校から帝京大学医学部医学科へ進学、卒業後、帝京大学医学部附属病院第一外科、東京都梅田病院外科に勤務。

地元に戻り、山梨大学病院第一外科、韮崎市立病院外科勤務を経て「どちペインクリニック」「玉穂ふれあい診療所」で在宅医療に従事し「ほくと診療所」を設立、院長として地域医療・在宅医療で地域に貢献。

2012年、第46回衆議院議員総選挙で当選、現在４期目。

2019年、政策派閥「直諫の会」設立メンバーとして会長代行を務める。

2008年に他界した父は自民党元参議院議員の中島真人。

https://www.katsuhito-nakajima-yamanashi.com/

外科勤務医を辞めて在宅医療に身を投じてみたものの……

山梨県甲府市で生まれ、北杜市で育ちました。地元の山梨県立韮崎高校から帝京大学医学部へ進学し、卒業後、消化器外科医として帝京大学医学部附属病院第一外科、東京都梅田病院外科勤務。後に故郷山梨に凱旋し、山梨大学病院第一外科、韮崎市立病院外科に勤務しました。

医師として順調にキャリアを重ねていたところ、地元韮崎の病院で患者さんと向き合うなかで地域医療の重要性、必要性を肌で感じ、同時に高齢化社会の医療のあり方を考えました。そこで「これまでのキャリアを捨てることになるぞ」といった声も聞こえましたが、思い切って外科医を辞職。後に師匠と呼べる存在となった土地邦彦先生（どちペインクリニック）の門をくぐりました。

門外漢だった在宅医療・緩和ケアを基礎から徹底的に叩き込まれ、「山梨の在宅医療を確立してやる！」と威勢良く、２００４（平成16）年北杜市明野町に有床診療所〈ほくと診療所〉を開業しました。

勤務医時代と違い、連日朝から胃カメラなどの検査、外来、病棟、合間に往診、夜は「調子が悪い」と呼び出しがあるなど、肉体的疲労を感じながらも充実した日々を過ごしました。

患者さんに求められ、感謝もされて、なかには私が往診するたびに「ありがたや」と拝んでくれるおばあちゃんまでいて、医師冥利に尽きていました。ところが……。

気がつけば診療所の経営は火の車。1件の往診片道1時間、有床の入院は在宅患者さんの休憩所として利用していたため、明らかに効率が悪く、診療報酬体系にそぐわなかった。つまり働けば働くほど赤字が膨れ上がるという摩訶（まか）不思議な状態だったのです。

「医は仁術なり」を実践した結果、威勢良く開業した有床診療所の病床は3年で閉鎖、外来規模も大幅な縮小を余儀なくされ、打ちのめされました。

国民本位の医療制度・社会保障制度の再構築が急務！

日本の医療制度をよくよく見てみれば、医は「仁術」ではなく「医は算術」が王道で、ソロバンや電卓を上手に使える医師、病院が儲かる仕組みだったわけです。在宅医療こそ医療の王道だと思って走り出したのに、そこは茨の道だったわけです。

在宅医療には不利な制度ということは、患者さんが本当に求める医療が実現しない制度ということです。

もし私が外科医として大学病院に勤務していたなら疑問を持たなかったでしょうが、自分の手で理想的な在宅医療を実践したからこそ気づいた「医師や病院にありがたく、患者にとって不利益」な制度。これは「医療よりも先に、現在の介護も含めた医療制度と社会保障制度を改めなければならない」と、ここでまたしても一念発起、政治で変えようと2012（平成24）年、「元気な医療・やさしい福祉・みんなの日本！」「健康な日本に再建！」を掲げ、医療制度改革の本丸「かかりつけ医の制度化・日本版家庭医制度創設」を目指し衆議院議員総選挙に立候補、初当選を果たしました。

現在4期目で、政策提言や政策実行のための力をつけようと、同期である重徳和彦議員、青柳陽一郎議員とともに「直諫の会」を設立。高校の先輩であるノーベル医学生理学賞を受賞された大村智博士に頂いた言葉「実践躬行（きゅうこう）」を胸に、利権や既得権益、自分たちに都合のいい立場を守ろうとする自民党政治に「直諫」し続け、狭く険しい道を、広くなだらかな道に変えていく。

人口構造・社会構造・疾病構造の変化に対応できなくなった社会保障制度、これまでの延長線、継ぎはぎでは国民のみなさまの不安は増すばかり。社会保障は国の姿勢を示す骨格であり背骨。骨格、背骨がグラつく日本は立っていられない。政病に罹った永田町には、対症療法ではなく根治療法で、健康な日本を取り戻してみせます。「信頼できる国民本位の医療制度・社会保障制度を再構築」すれば、日本は世界のどこよりも人生100年を楽しめる国になるでしょう。

野党の力不足による政治の停滞を正せ

青柳陽一郎の直諫

青柳陽一郎（あおやぎ・よういちろう）

1969年8月29日生まれ。2児の父。

小中高と地元・保土ケ谷区で過ごす。中高時代はバスケットボールに明け暮れ、高校では主将を務める。

日本大学法学部卒業、早稲田大学大学院公共経営研究科修了。大学在学中、衆議院議員・松田岩夫事務所にインターンとして入所。その後、議員に見出され、公設秘書に就任。

2005年、第3次小泉内閣の科学技術・IT担当大臣政策秘書を務め、政府や国会でキャリアを積む。

2006年の日・ベトナム科学技術協力協定締結に深く関わったことが契機となり、日本とベトナムの交流事業を展開。とくに2008年、自ら企画したベトナムフェスティバルは、現在20万人の来場者を迎える日越の交流プラットフォームへと成長した。

さらに2022年、世界40か国以上にネットワークを有する国際NPO団体ICAジャパンの会長に就任し、議員外交を積極的に行っている。

2012年12月の衆議院議員総選挙に出馬、初当選。以降、4期連続当選を果たす。

国会では議院運営委員会筆頭理事、内閣委員会筆頭理事を歴任。2019年、超党派派閥「直諫の会」立ち上げに参画、幹事長を務めている。2022年9月、党神奈川県連代表に就任。

https://aoyagy.net

秘書として社会人スタート、そして地元から選挙に挑戦。そのワケは？

世の中がバブル全盛期で、浮かれていた大学4年。「社会に出る前に世界を見たい」と強烈な好奇心に駆られ父親を説得、バックパック一つ背負ってアメリカ大陸とヨーロッパの国々を旅し、訪れた土地の香り、息遣いを皮膚で感じる一方、日本の価値を再認識しました。

帰国後、今度は父親の勧め（当然断れません）で「国会議員のお手伝い＝カバン持ち」をやることになり、これが私の人生を決定づけることになりました。衆議院議員松田岩夫、当選2回、自民党竹下派の若手議員。世界をバックパックで旅しただけの学生が、バリバリの自民党政治家のカバン持ち。無類の政治好きの父のもとで育ったとはいえ、政治や国会のことは教科書程度の知識、ネクタイもろくに結んだことのない若造がいきなり現場に投げ込まれたのです。

秘書の先輩から「とにかく議員のそばにいて役に立て」と言われても、できるはずがありません。それでも代議士から、次から次へとお構いなしに指示がくる。しかも厳しく。でもそれは、代議士には高い目標、強い使命感があり、実現に向けて一直線に仕事する、ひたすらにそれを実践していただけなのです。私も必死に食らいつき、仕事を覚え、気づけば役に立つ存在になっていました。正式に秘書として採用され、新生活がスタート。当時、宮澤内閣から非自民の細川連立政権が誕生する激動の時代。一転して仕事に明け暮れる毎日になりました。私は松田岩夫さんを与党時代も野党時代も引退まで支え続けました。そこで得た経験と出会いが私の人生の基盤。まさに育ての親です。

ベトナムフェスティバルをはじめ、松田さんとともにつくった数多くのプロジェクト。そのいくつかは私が受け継ぎ、続けています。何より学んだことは、その視野と姿勢です。国の将来を心から憂い、理想を語り、政策をつくる。そして故郷を徹底的に大事にする。私が選挙に挑戦することを決意したときも、「地元を徹底して回り、一人でも多くの声を聴け、絶対に負けるな」と力強く激励していただきました。

師匠からの言葉を胸に、自身の政治活動を、青春時代を過ごした地元、横浜市保土ケ谷区・旭区からスタートさせました。

地元を歩くと、さまざまな声が届きます。

「将来に希望が持てない」「老後が不安」「子育てが大変」どれも切実な声です。

この声の背景には日本社会が抱えている問題が潜んでいて、単なる愚痴や不満ではないことがわかります。

将来に希望が持てないのは、給料が上がらず物価が上がり、奨学金という借金を抱え、正規雇用されるかどうか。親の介護も必要になるかも。老後は、わずかな年金で暮らせるのか。子育てが大変なのは安心して子どもを預ける先がなく、おまけに教育費も心配。

こうした社会問題は、これまでの政治が放置してきたもので、だからこそこれは政治が解決しなければならない課題なのです。

政治を、社会を変えられるのは政治家に非ず、国民である!

政治とは、地域、社会、そしてそれぞれの人生をより豊かにし、「あらゆる世代の幸せをつくる」運動、というのが私の考えです。議員活動も4期11年目に入り、さまざまな政策と法律を立案してきましたが、国民の幸せを増やすことができていません。

「政治には期待できない」「どうせなにも変わらない」これもよく聞く、耳の痛い言葉です。

とくにこの10年の政治には、国民の理解を得る努力や説明責任を果たす姿勢が欠如していたと言わざるを得ません。これは与党だけでなく、私たち野党の力不足も認めなければなりません。

政権交代可能な強い野党をつくる、この先頭に立つ覚悟です。

これまでのコストカットばかりの効率性を求める古い改革から、人と地域と環境にやさしい新しい改革で、あらゆる世代の幸せをつくっていきたい。政策はそのためにあります。

いま一度、政治の力に期待してください。

なにより政治を変えることができるのは国民の声、みなさんの一票です。

山崎　誠の直諫

危機にある日本を救う、ごまかさない正論の政治を実現する！

山崎 誠（やまざき・まこと）

1962年11月22日生まれ。

東京都立西高校、上智大学法学部卒業。青山学院大学大学院国際政治経済学研究科修士課程修了。

株式会社熊谷組に入社し建設現場と人事を担当後、日揮株式会社に転職、システム開発やコンサルタント業務に従事。民主党の候補者公募から政治の世界へ転身、2006年3月より、横浜市議会議員を2期務め、2009年8月の衆議院議員総選挙に立候補、初当選。

脱原発の貫徹を目指した、2012年12月の衆議院議員総選挙で落選。市井に戻り、全国ご当地エネルギー協会事務局長、森びとプロジェクト委員会顧問などを務めながら、原発に頼らない持続可能なエネルギー・社会システムへのシフトを推進。

2017年9月、横浜国立大学大学院環境情報学府博士課程後期単位取得退学。防災、自然環境保全に関する研究を進める。

2017年10月の衆議院議員総選挙にて、立憲民主党比例東北ブロックで当選。2018年9月、神奈川県第5区総支部長に就任。

2021年10月の衆議院議員総選挙にて、3期目当選。

神奈川県第5区（戸塚区・泉区）総支部長。

立憲民主党政務調査会副会長、環境エネルギープロジェクトチーム事務局長。

衆議院経済産業委員会理事、災害対策特別委員会委員。

https://yamazakimakoto.jp/

地の果てサハラ砂漠で感じた「信頼される日本」

大学卒業後、ゼネコンで5年、エンジニアリング会社に転職して13年、会社員として過ごしてきました。ゼネコン時代は現場の監督として下請けの職人さんと酒を飲むのが仕事。週末は大工の棟梁の家に泊まって仕事のいろはを教わりました。

バブルがはじけたころ、エンジニアリング会社に転職し、システムコンサルタントとしてアルジェリア国営石油ガス会社の天然ガスプラントの保全管理システム再構築を任され、サハラ砂漠で四苦八苦しながらシステム導入を実現しました。巨大なガスプラント以外は何もないサハラ砂漠でしたが、そこには義理と人情の浪花節の世界が広がっていました。

アルジェリア人はみな、1960~70年代に日本人が国の経済の基礎となるガスプラントを、幾多の困難を乗り越えて逃げずに建設してくれたことを忘れず、いまでも感謝してくれています。先人の血のにじむ努力が世界から頼られる、誇れる日本をつくってきたのだと痛感。大切な遺産である「信頼される日本」を次の世代にどう受け継ぐか、私たちの大きな課題です。

やがて企業の可能性とともに限界を感じるようになりました。たとえば、エンジニアリングのノウハウを〝まちづくり〟や〝社会づくり〟に応用できないか。壊すばかりではなく環境調和の社会をつくるために、企業の力を活かせるのではないか。企業を正しくリードする政治を実現したい、そんな思いが政治の世界に飛び込むきっかけになりました。

その後、政治の世界で過ごしてきた20年、いっとき民主党の政権交代を経験しましたが、ほとんどすべて自民党支配の政治。その間、日本は衰退の一途を辿りました。日本企業は世界のイノベーションに乗り遅れ、主導権を次々と中国や韓国に奪われてゆく。成功体験にしがみつく既得権益優先の「いまさえよければいい」というムードが日本の進歩を止め、いつの間にか変わらない国、変われない国になってしまったのです。

国の進路を示さなければならない政治は不都合なことには目をつぶり、現状維持を応援する。官僚も人事権を握った政治家に忖度してモノが言えず従うのみ。国が間違った道を突き進んでも、誰も責任をとりません。

平和と環境調和のビジョンを示す日本へ

戦後、日本は国際社会に復帰することを目指し、国民が一つになって働きました。結果、東京オリンピック、大阪万博を成功させ、高度経済成長を果たした日本は、世界から羨まれる国になりました。

自然に恵まれ、さまざまな文化や伝統が輝く国だった日本。自然のエネルギーで暮らし、自然と調和した農業や林業や漁業が豊かな食や暮らしを支えてくれていました。しかし、気がつけば日本人は物質的な豊かさや便利さばかりを求め、自然と共生する暮らしを放棄していました。いまも森林や農地の荒廃や砂浜の消失、地方の過疎化など、問題は深刻化しています。

世界を見ても、先進国を中心に経済発展という旗印の下で自然破壊が繰り返されてきました。いまも毎週東京都とおなじくらいの大きさの森林が失われています。排出される二酸化炭素による気候変動は自然の秩序を大きく変化させ、氷河の融解や豪雨災害、干ばつなどを引き起こしています。豊かな生物多様性の源となる美しい珊瑚礁の海や森が消えてゆく。地球の変化は止められず、一度破壊された生態系は簡単に戻りません。

次の世代に、健全な美しい地球を引き継いでいくことは、いまを生きる私たちの使命です。そのために環境調和の産業・経済、社会の構築に全力を注ぐ必要があります。実現すべきは持続可能な地球の上にある暮らしです。安心安全な食べ物が手に入り、自然エネルギーで生活し、モノを大切に資源をムダにしない、そうした社会こそ、いま目指すべきものです。

モノの豊かさだけではなく、心の豊かさに向かう社会へ。対立や差別ではなく協調調和へ。力を誇示する世界から平和の価値を共有する世界へ。緊張に向かう世界にあって、平和憲法を有する日本だからこそできる貢献を目指す。日本こそ平和と環境調和のビジョンを示すことができる。

地球規模で新しい価値観を共有できれば、人類がこれまでなし得なかった戦争や対立のない世界を実現できるはずです。そのためには、地球規模で考える政治と政治家が必要です。

当たり前のことを堂々と、正論の政治をいまこそ実現する、日本をつくり変えていきます。

少子化対策は借金で行え。それは投資になる

井坂信彦の直諫

井坂信彦（いさか・のぶひこ）

- 1974年、政治家とは無縁の家系に生まれる。
- 京都大学卒業後、神戸のベンチャー企業に入社。
- 25歳で神戸市議会議員に最年少初当選、以後、2期目・3期目とトップで再選を重ねる。
- 全国若手市議会議員の会会長などを経て、参議院選挙に出馬し、41万票をいただくも次点。
- 会社設立件数日本一の行政書士事務所を設立。
- 2012年から衆議院議員に3期当選。
- 年金・医療・介護・子育て・働き方改革を担当し、介護職給料アップ法、同一労働同一賃金法を実現。
- 政調会長や幹事長代理など要職を歴任。
- 議員評価NPOより「三ツ星議員」を5年連続受賞。

https://isaka-nobuhiko.jp/

借金で最大限の少子化対策を！

25歳の誕生日の2週間後、史上最年少で神戸市議会議員に当選しました。きっかけは阪神・淡路大震災の直後、生活再建より空港建設を優先する市役所と、その是非を問う住民投票を却下した市議会に対する怒りです。当時から政策提案型を志し、また若者世代の代表として、「次世代にツケを回すな」と、税金の無駄遣いによる巨額の借金を厳しく追及していました。

ところが現在、私は国会の予算委員会で、財務大臣に「もっと借金をするべきだ」と詰め寄っています。正確に言うと、「将来の税収増や歳出減を予測して、その範囲で最大限の借金をして政策を実施するべきだ」と主張しているのです。

たとえば少子化対策は、現役世代の使えるお金が減る消費増税や社会保険料アップではなく、借金をして実施すべき政策です。国民一人が一生に払う国税は、自分が勤める会社の法人税も含めて約５０００万円、社会保険料は会社負担を含めて５０００万円、地方税は３０００万円に上ります。子どもが一人増えれば、国と地方の税・保険料収入は、その子が死ぬまでの間に累計で1億３０００万円増えるのです。仮に一人の一生に対して政府の支出が1億円かかるとしても、子どもが一人増えれば政府の財政は、差し引き３０００万円プラスになります。

ただし、少子化対策で出生数が増えてから、その子たちが大人になって実際に税収が増えるまでは20年以上かかります。その時間差を埋めるのが「少子化国債」です。毎年6兆円の少子化国債を発行して少子化対策を実施します。その結果として出生数が100万人になれば、6兆円は将来の税収増の2割強で返済できて、国民負担をまったく増やさずに済むのです。

財務省は「これ以上の国債発行などとんでもない」と反対します。たしかに、政府が発行している毎年30兆円の国債は、赤字を穴埋めするだけの「返せない借金」です。一方で「少子化国債」は、将来かならず税収が増える「返せる借金」です。

「毎年収入より支出が多く300万円の赤字なので、今年も300万円貸してください」と言うお店と、「今年60万円を貸していただき、そのお金で広告を出してお客様を増やし、利益を出して返済します」と言うお店なら、銀行はどちらにお金を貸すでしょうか？　単に赤字を穴埋めするお店は、簡単には借りられないはずです。

政府は、将来の税収を増やす少子化対策のための「返せる借金」を拒み、巨額の「返せない借金」を重ねています。毎年の税収不足を放置することが、次世代への最大のツケとなるのです。

財政破綻を防ぐ2つの新組織

もちろん、政策の効果とそれによる税収増が、「捕らぬ狸の皮算用」になってはいけません。そこで私は、政策の効果を科学的に検証する「エビデンス・センター」と、財政の将来予測を行う「独立財政機関」の設立を提案しています。どちらも政府から独立した専門組織にすることで、政治家が甘い見通しの数字をでっちあげて、返し切れない借金をすることを防ぎます。

「どのような少子化対策をすると、どれだけ出生率が改善するのか?」については、エビデンス・センターが効果を測定します。複数の少子化対策を比較したり、効果測定しやすい政策の実行方法を考えるのも、エビデンス・センターの役割です。

「少子化国債でどれだけ借金をして良いのか?」は独立財政機関が厳密に計算します。出生率が上がったら、どれだけ税金や保険料の収入が増えるのか。逆に支出はどれだけ増えるのか。結果、日本の財政はどれだけ好転して、そのうち何%までなら少子化国債として前借りしても大丈夫か……。財政の専門家集団が、財政破綻しないようコントロールするのです。

ほかにも、エネルギー節約の設備投資、病気や介護を予防する健康政策、労働者の能力を高める教育訓練など、将来の税収が増え、歳出が減る政策に関する国債は「返せる借金」です。これらは「予防国債」と名づけ、返すあてのない赤字国債とは分けて考えるべきです。

「財源がない」と言って、将来の税収を増やす(または支出を減らす)必要な投資を怠ってきた日本。「財源が必要」と言って、消費税の増税や保険料の値上げを繰り返し、国民が使えるお金を減らしてきた日本。

「失われた30年」と呼ばれる経済の停滞と、思考停止で次世代にツケを回す政治の停滞を打破するため、絶対返せる「予防国債」で、最大限の予防政策を実行します。

篠原　豪の直諫

今後、政治家は「想定外」という言葉を無責任に使うべからず

篠原 豪（しのはら・ごう）

1975年 2月12日、横浜市生まれ。

私立逗子開成中学・高校卒業後、米カリフォルニア大学サンディエゴ校（UCSD）Web Publishing サティフィケート、早稲田大学卒。早稲田大学大学院政治学研究科修士課程修了。

雑誌記者、編集者を経て広告プランナーとして活躍。またクリエイティブ・ディレクターとして多数のクリエイティブ作品に関わる。

2011年、統一地方選挙において横浜市議会議員に当選。市政運営ほか地域づくりに尽くす。

2014年12月、アベノミクス解散と呼ばれて行われた第47回衆議院議員総選挙にて当選。

2017年10月の第48回衆議院議員総選挙にて2期連続当選。

2021年10月の第49回衆議院議員総選挙にて3期連続当選。

立憲民主党政務調査会副会長、外交・安全保障調査会長、外務・安全保障部門会議部門長などを務める。

https://lets-go-yokohama.jp/

想定外を思考するために必要なのは、〝豊富な知見〟と〝イマジネーション〟だ！

雑誌取材記者、編集者、広告プランナーなどクリエイティブ業界に身を置き、ディレクションをする立場にまで成長させていただきました。そのなかで、社会人としての経験から自分の知見で足りない部分、歴史や思想、現代政治理論などを大学院で補う最中、地元横浜市の抱える行政ほかの問題に直面し、なんとか解決したいと思い、２０１１（平成23）年の横浜市議会議員選挙に立候補し当選、市議会議員として政治の道を歩みはじめました。

その後、国政の場で国づくりのディレクションをとの思いから、２０１４（平成26）年の第47回衆議院議員総選挙に出馬、当選を果たしました。以降48回、49回と3期連続で衆議院議員として、主に行財政改革や外務、安全保障委員会で筆頭理事なども務め、国政に向き合っています。

国政の場で野党議員として9年を過ごすなか、止まらぬ少子化、進む高齢化、異常気象による自然災害の増加といった国内問題、さらにロシアのウクライナ侵略戦争、軍備増強を止めない中国、核を持ってミサイル発射実験を繰り返す北朝鮮といった海外のさまざまな不穏な動きなど、日本はこれまでになく大きな問題に直面し、岐路に立たされていることを、この数年とくに強く実感しています。

多くの危機にいかに立ち向かうか、その前にまず私が言いたいことは、政府はこれまでの政策について、成功したものと失敗したものをわかりやすく国民に説明し、危機に立つ日本の課題に正面から向き合うことをきちんと真面目にやってきたのか、ということです。

たとえば「待ったなし」という少子化対策、堂々と〝異次元の〟と「やります」感を出しますが、少子化が問題とされはじめたのはもう30年も前のこと。これまで目立った対策を取らず、目先の政策でお茶を濁してきた結果、世界銀行が発表した2021（令和3）年のデータでは、合計特殊出生率世界ランキングで日本は194位（212か国中）となっています。まずはこの結果を国民に向かって謝罪し、そしてなぜこの国家的問題から逃げて来たのかの説明が必要です。

こうした失政などを追及されると、いつからか政府側の答弁に、想定していたことを超えたので仕方ない、想定していた以上だったので対応できなかった……いわゆる「想定外」という言葉が言い訳の常套句として使われ出しました。

あらゆる物、事に対し、いろいろな角度から最悪の事態を予測し、同時に対策を講じておくのは当然のことです。そして、政治は「想定外」という便利な言葉を使わないよう〝想定を超える想定〟をしておかなければなりません。

自然災害、豪雨や地震は、過去の膨大なデータをもとに各方面の専門家が予想される被害の時期や規模を「想定」し、警告、注意喚起します。しかし、こと自然に対しての想定は難しい。地球温暖化による影響から、線状降水帯などによる豪雨災害は、すでに過去のデータに当てはまらずまさに想定外で、被害を避けることができなくなっています。そこで、想定を超えることを想定しておくべきだと思います。幸運にも想定を下回ればそれで良し。クイズではないので、想定していた規模が外れるのは歓迎なのです。「備えあれば憂いなし」（ボーイスカウトの教えでもあります）は、災害対策の基本ですから。

一方、私の専門分野である外交、安全保障では、ロシアや中国、北朝鮮の脅威に対してこれまで以上の想定が必要になっています。もちろんここでの想定も、いくつものパターンを考えることが必要で、あらゆる方面、角度から考え得る最悪の事態のシミュレーションと、データと、そしてイマジネーションつまり、想像力が求められます。

想像力を高めるため、「万が二」以上の〝一千万が一〟の場合に即座に対応できる態勢を整えられるよう、私は日々世界中から防衛関連の情報や資料などを集め、分析に努めています。同時に、論理的な思考能力を備えることも大切です。そのためには戦後の我が国の外交・安全保障はどのような道を歩んできたのか、日本の防衛、安全保障の基軸となっている日米同盟、安全保障条約などを再確認し、国家防衛を根本から考えることが大切です。そうすることではじめて、政府が示し「数字ありき」の批判も多い２０２３（令和５）年度からの5年間で総額43兆円、27年度にはＧＤＰ（国内総生産）比で２％に膨れ上がる防衛費の中身を検討することができるのだと思います。そして、あらためて国防の意味と必要性を国民と共有しつつ、防衛費の増額、敵基地攻撃能力の保持、憲法改正などの議論を深めなければなりません。

災害、国防のいずれにも、想定外は許されません。すべて「想定内」で済むことが最良です。

落合貴之の直諫

国民の幸せのための改革ができるのは政治しかない

落合貴之（おちあい・たかゆき）

1979年8月17日生まれ。家族は妻と小学生の２男児。

世田谷区立駒沢小学校・駒沢中学校、國學院高校、慶應義塾大学経済学部卒。

三井住友銀行を経て国会議員秘書に。みんなの党設立に関わる。

2014年、衆議院議員初当選。現在３期目。党副幹事長・財務局長。衆議院経済産業委員会野党筆頭理事。

著書『民政立国論』（尾崎行雄記念財団ブックオブザイヤー2020国政部門大賞受賞）他。

https://www.ochiaitakayuki.com/

政治家のためではなく、国民のための政治を！

政治家たちは、ほんとうに世の中のため、国民全体のために政治をしているのか。政治の世界にいる私自身も疑問に思う場面に多々直面します。

自分たちのためではなく、世の中のために身を捧げる政治家を増やしたい。まずは、自らそれを実践していきたいと考え、私自身は、特定の団体との癒着にもつながる企業団体献金は受け取らず、有権者のカンパとボランティアに支えられ、政治活動を続けています。

また、私は、学生時代から若者の政治参加に関する多くの活動にも関わってきました。やる気も能力も疑問符の付く世襲議員ばかりの政界では、この国は良くなるわけがありません。この世襲ばかりの政界に風穴を開けたい。志のある若者たちを集め、その若者たちと、選挙のやり方や、政策のあり方を考え、一緒に活動し、そのメンバーからも、区議会・市議会議員から国会議員に至るまで、多くの政治家が出ています。

私の専門は、経済政策・産業政策と、政治改革。党の経済政策調査会事務局長や政治改革部会事務局長なども務め、与党にはできない政策の策定に関わってきました。また、作成した議員立法は、国会議員のなかでも数多く、企業団体献金禁止法案、政治資金の収支報告書ネット公開法案、インターネット投票法案、被選挙権年齢引き下げ法案、コロナ債務削減法案など、現在国会に提出されている議員立法の多くで、筆頭提出者を務めています。

株価を上げることは重要ですが、経済活動が活発になるという実態が伴わなければ、株価に経済活動が翻弄され、世の中全体にその恩恵がもたらされることはありません。一部の人たちだけではなく国民全体を豊かにするという観点から経済政策は打たれるべきです。

また、食料も、エネルギーも、デジタルも、国民生活に必要不可欠なものをことごとく外国に依存する経済ができてしまっています。生活に必要なものは、自国で生産、調達できるようにすることが、国民の生活を守るという観点から必要です。

さらに、政治が国民にとって他人事では、何回選挙を行っても、この国を良くすることはできません。まずは、やる気のある若者が立候補できるようにする被選挙権年齢の引き下げ。政治とお金の問題の信頼性を高めるための、企業団体献金禁止、政治資金の収支報告書のインターネット上での公開義務化など、自分たち政治家には甘いいまの法制度を見直していく必要があります。

また、不安定な国際情勢のなかで、防衛力の強化だけでは国を守ることはできません。戦前もおなじ議論がありましたが、やはり、外交力の強化は、まず基本中の基本です。海外に乗り込んで、国民を守るため、国際情勢の安定化のために、相手と単身交渉に行くような国会議員がいま、いるでしょうか。どこの国のためでもなく、国民を守るために主体的な外交を模索する努力と実績の積み上げこそ必要です。

中長期的課題は、やはり社会保障の問題です。人生100年時代を迎え、国民の寿命が延びた喜ばしい状況は、かつてとは社会保障のニーズを変えてきています。認知症の方が増えることで、いくら年金をもらっていても、現金が使えないという問題が出てきました。現金収入を保証する、年金を中心に添えた社会保障から、とくにある一定の年齢以上の方は、福祉サービスを受けることが保障される仕組みに変えていく必要があります。現金から現物（福祉サービス）へ。社会保障のあり方も、時代に合わせて変えていかなくてはなりません。

政治家や、その取り巻きが得をすることばかりが目的の「改革」から、国民全体の幸せのための改革へ。そのかじ取りができるのは政治しかありません。

志ある若者たちと共に。そして思いある有権者と共に。私は力を合わせ、この国を良くするため、世の中を良くするために邁進（まいしん）してまいります。

桜井　周の直諫
努力が報われる社会を取り戻す

桜井 周（さくらい・しゅう）
1970年8月16日生まれ。家族は妻と２児。
伊丹市立鈴原小学校、南中学校、兵庫県立伊丹高校、京都大学卒業、京都大学大学院修士課程修了、ブラウン大学修士課程修了。海外経済協力基金（後に日本輸出入銀行と合併して国際協力銀行）で円借款を担当。
2011年に伊丹市議会議員選挙で初当選、2015年に再選、2017年の第48回衆議院議員総選挙で初当選、2021年に再選（２期目）。

https://sakuraishu.net/

金融機関で、アジアの成長と日本の衰退を体感

大学院修了後に金融機関で東南アジア向けの大規模プロジェクトの融資を担当。アジア通貨危機を乗り越えてたくましく成長するアジアの経済成長のダイナミズムを体感する充実した日々でした。翻って日本を見るに、経済が長期にわたり停滞し、社会全体として閉塞感が充満していることに危機感を抱き、「アジアの成長のために働くのも良いが、その前に日本人として日本を立て直すべき」と思うようになりました。

日本の閉塞感を打破せねばならないと思いはじめていたころ、子宝に恵まれました。ですが、出産する病院と保育所を探すのに苦労しました。というのも、産科の現場の過酷さのために出産分娩から産科医がどんどん離職していき、出産分娩を休止する病院が相次いだためです。少子化と人口減少が日本の衰退の原因と指摘されていながら、子どもを産む病院すらないというのはどういうことか。保育所の待機児童になれば夫婦のどちらかが仕事を辞めざるをえません。せっかく夫婦共働きで所得税を納めているところに、夫婦のどちらかが仕事を辞めれば、その分の所得税を納めなくなります。日本の財政は世界最悪の水準なのに、夫婦共働きで所得税を納めるのを拒否するのはどういうことなのか。こんな当たり前のことすらできていないから日本は衰退するんだ、だから日本の政治はダメなんだ、と怒りが湧きました。

そこで、日本を立て直すために、故郷の兵庫県伊丹市で政治活動を開始しました。２０１１

（平成23）年に伊丹市議会議員に初当選。伊丹市議会では、人口減少時代において自治体間で住民の奪い合いになる、保育所待機児童ゼロは子育て世帯を引き寄せる切り札になると、保育所待機児童の解消など、本気の子育て支援を早速提案しました。その後、伊丹市では近隣市に先駆けて、年度初めの待機児童ゼロを達成しました。

自治体間の住民の奪い合いでは、日本全体の少子化と人口減少は止められません。そもそも若者世代が子どもを産み育てられないのは、若者の給料が少ないからです。少子化対策には、給料アップと暮らしの底上げが必要です。少子化をくい止め、日本の衰退に歯止めをかけるには、問題の本質に斬り込むこと。それができるのは国政と思うようになり、２０１７（平成29）年の衆議院議員総選挙に立候補、初当選しました。

人間性と個性を重視する日本へ、根本から立て直す！

古き良き日本の社会には、〝小さなことからコツコツと〟という地道な努力を厭わない精神がありました。しかし、この30年は地道な努力が報われない社会になってしまい、諦めが社会に蔓延してしまっています。そして、五輪、万博、カジノなどのイチかバチかという政策に儚い希望を託し、結果は裏切られるというギャンブル依存症のような社会になってしまっています。努力が報われる社会を取り戻す、これが桜井周の願いです。

国づくりは人づくりから。「人づくり」とは権力者にとって都合のよい人材を製造することではなく、個人がもつ個性を引き出し育てることで充実した人生を送れるようにすることです。

この30年間、日本は経済のみならず社会も停滞しています。最初は、停滞の原因をバブル崩壊によるものと思っていましたが、実は人材育成がおろそかになっていたから、一人ひとりを大事にしてこなかったことのツケが回ってきたから、と考えるようになりました。

別の角度から見れば、日本社会では、出る杭は打たれる。そうならないように、〝空気を読む〟ことに汲々とする日々。集団行動、画一主義、横並び意識は、規格品を大量生産する工業化時代には有効だったかもしれません。

しかし、産業が高度化して創造性にあふれワクワクする商品・サービスが求められる現代において、画一主義はマイナスに作用しています。創造性にあふれる商品・サービスを提供するには、人間自身もまた個性的で多様性にあふれる必要があります。人間性と個性を伸ばすことこそが経済的な豊かさにもつながる、大きな可能性がある時代になったのです。

個性の多様性を尊重しあう、みんな違ってみんないい社会を創る。多様性をチカラに社会と経済を発展させる。未来は可能性に満ちている、それを実感できるような社会をみなさんとともに創っていきたい、というのが桜井周の願いです。

源馬謙太郎の直諫

自民党の強さを学び、自民党にはできない改革をやろう！

源馬謙太郎（げんま・けんたろう）

1972年12月21日生まれ。塩辛屋の長男として生まれる。

静岡大学附属浜松小・中学校、国際基督教大学高校、成蹊大学法学部政治学科卒業後、アメリカに留学。Centre College 国際関係学専攻、American University 大学院卒業。国際平和と紛争解決学修士号取得。

NGO 紛争予防センター勤務時代に外務省からカンボジアに専門家として派遣され、小型武器回収プロジェクトを立ち上げ。プロジェクトマネージャーとして4年間で1万2000丁の武器を回収する。

松下政経塾卒塾後の2007年から静岡県議会議員を2期務め、2012年、衆議院議員総選挙初挑戦で惨敗。2014年は比例復活に270票足りず惜敗。

その後、2017年に比例で初当選、2021年は小選挙区で2期目当選。

党国際局長兼副幹事長、国対副委員長、予算委員会、外務委員会理事、政治倫理の確立と選挙制度に関する特別委員会理事。

直諫の会では事務局長を務めている。

http://gemma-kentaro.com/

カンボジアでの武器回収で高まった政治への思い

「カンボジアで小型武器回収プロジェクトを立ち上げてきてくれ」

2001(平成13)年、二つ返事で引き受けた外務省の外部専門家委託のミッションを実行すべく、私はたった一人でカンボジアに降り立ちました。

わずか3か月間の委託契約書だけを持ち、最初の5日間滞在するホテル以外はなにも決まっていない赴任でした。いまになって思えば「ほんとうにできるのかな」と、普通なら考えそうなリスクなど、まったく考えもしていませんでした。

前例がないことだったので、3か月の委託契約が切れたあとの更新がなかなかうまくいかず、半年間無給の期間があったり、屋台の食事には気をつけていたのにアメーバ赤痢(せきり)にかかったり、出張で移動中、強盗に車を止められたり(警察官が同乗していたので無事でした)……、と大変なことや困難なこともたくさんありましたが、結果的に4年間で1万2000丁の武器を回収しました。一方「この活動がカンボジアの平和にどれほど貢献しているのか」という思いが渦巻いていて、どこか腑(ふ)に落ちずにいたのです。

ある日、とある村で武器回収をしていると、昨日も武器を持ってきてくれたおじいさんが、また武器を抱えて運んできてくれる。どうしてそんなに武器があるのか不思議に思って聞いてみると、おじいさんはニコニコ笑顔で言いました。

「国境付近に行けばいくらでも武器が手に入る。武器を持ってくると、日本のお金で学校を建ててくれるというから安く手に入れてきた」

おじいさんの話に愕然（がくぜん）としながら、地道に活動するだけではなく、社会の環境や仕組みを変えない限り、平和な社会や豊かな社会をつくれないのだと実感しました。私が世の中の仕組みを変える「政治」を志したのは、このときでした。

業界団体御用達政治の自民党にはできない改革を我々が示そう

現在の日本は、長い間政治のあり方や仕組みが変わらずにきたため、避けられ放置されてきた課題が膨らみ続けています。結果、国力も国民の暮らしの豊かさも失ってしまいました。少子化対策、賃金が上がらない問題、先細りする年金制度の問題など、枚挙にいとまがありません。

どんなに国民に負担を押し付けても、一強多弱では与党は選挙に勝てるから真剣に国民の痛みや声に向き合わない。

国民の声に、素直に耳を傾けなかったら政権を失うという緊張感が、常に時の政権にあれば、もっと国民本位の政策がつくられ、実行されるでしょう。だからこそ、政権交代可能な政治状況をつくる必要があるのです。その唯一の方法は、自民党以外に政権を担える受け皿をつくることですが、残念ながら現状の野党はその役割を担えると見られていません。申し訳ないところですが、これは我々の責任であることは間違いありません。

我々が受け皿として認めてもらうためにしなくてはならないことは、自民党の強みを見習い、自民党にはできない改革を堂々と打ち出していくことです。自民党の「なんでも受け入れ飲み込む政治的包容力や寛容さ」は見習うべきです。とかく野党は政策に潔癖で、仲間内でいがみ合ったり、いつも政権に文句を言ったりしていると思われているからです。

もう一つ。票や政治資金など、業界や団体に恒常的に依存している自民党には絶対にできない改革を示すこと。たとえば地方が独自色を出せば豊かになれる地域主権改革や、業界が反対するから進まない規制改革、これこそ自民党には絶対できないことで、我々が率先してリードしていく。そして、外交や安全保障といった国家の基軸となるところでは、イデオロギーで「反対！」と叫ぶのではなく、現実的な政策を打ち出していければ、野党のイメージは違ったものになるはずです。

私は２０１７（平成29）年の初当選までに、２度の落選、５年間の浪人を経験しました。落選中にある自民党の現職国会議員から「誰が考えても無理なんだから諦めたら？」と面と向かって言われたことがあります。それでも心折れることなく続けることができたのは、生来の諦めの悪さと鈍感さのおかげかもしれません。そんな私だからこそ、諦め悪く、冷ややかな声には鈍感に、地道に、しかし着実に、政権交代が可能な国にすることを目指していきます。

森田としかずの直諫

経済再生は、近江商人の「三方良し」に学べ

森田としかず（もりた・としかず）

1974年９月、熊谷市に生まれる
広瀬保育園、熊谷市立玉井小学校・玉井中学校卒業、埼玉県立熊谷高校卒業、早稲田大学政治経済学部政治学科卒業、早稲田大学大学院修士課程（政治学）修了、カナダ・マギール大学留学、早稲田大学大学院博士課程（政治学）単位取得退学。

現在、（有）ナトーライフコンサルタント代表取締役。

2007年４月～2012年11月　埼玉県議会議員。

2012年12月、衆議院議員総選挙に出馬（次点）。

2014年12月、衆議院議員総選挙に出馬（次点）。

2017年10月、衆議院議員総選挙初当選。

2021年10月、衆議院議員総選挙2期目当選。

https://www.morita-toshikazu.com/

理論から実践の世界へ

大学では政治学を専攻し、大学に残って教員（助手とか教授）になるつもりで、博士課程まで進学しました。しかし、カナダに留学したあたりから、理論をいくら勉強しても、それは机上の空論ではないかと疑問に思うようになりました。指導教授は、当時の北川正恭・三重県知事の義兄弟で、「現場に出てやってこい」というアドバイスに応じ、はじめての県議選は大学院に籍を置きながら出馬しました。

初戦は23票差で次点。落選してからは、介護の仕事を立ち上げました。ヘルパーを派遣する訪問介護からスタートしました。落選時に稼げるくらいの仕事を持とうということではじめたのですが、そんなに甘いものでなく、むしろ持ち出しのほうが多いくらいです。

2回目の挑戦で県議選に当選。その後、準備していた介護施設（ショートステイ・デイサービス）を開所しました。命を預かるのはとても大変ですが、現場を持っていることはとてもありがたいと感じています。

かねて国の仕事をしたいと思っていたので、２０１２年の衆院選に立候補しました。自民党の候補者選考で敗れ、無所属での出馬でした。次点で落選。２０１４年の選挙は「さすがに無所属はきつい」という当時の上田清司・埼玉県知事のアドバイスもあり、ご縁で次世代の党の公認で出馬したものの、次点で落選。

その後、当時の民主党の玄葉光一郎・選対委員長から「一緒にやらないか」というお話があり、民主党入り。その後、民進党、希望の党と変遷し、2017年は希望の党で比例復活当選。国民民主党から立憲民主党へとさらに変遷し、2021年、2度目の当選をさせていただきました。

日本が目指すべき理念、「三方良し」を世界に

2022年、日本の一人当たりのGDPは世界31位でした。一番順位が高かったときは2位でした。「失われた30年」で、他国が経済成長を続けてきたなかで、日本は置いてきぼり……。いったいどうすれば、私たちはこの難局を乗り越えることができるのでしょうか。

松下幸之助氏は、会社経営に成功するための3つの条件を示しています。①「絶対条件」……基本理念を確立すること。これができれば50％成功。②「必要条件」……社員が安心して働き、一人ひとりの能力を伸ばす環境をつくること。ここまでで80％成功。③「付帯条件」……戦略・戦術を駆使すること。これは残りの20％で、3つそろえば100％です。

これを日本の現状に当てはめてみると、話題に上るのは、主に③の付帯条件です。国として①の理念を確立すべきですが、議論されることは稀です。「聖域なき構造改革」も、「アベノミク

ス」も、戦略・戦術の話に終始してしまっています。

日本は「追いつき追い越せ」でやってきたので、追いついてしまったいま、目標を失い、新たな目標を見出せない状況といえます。

しかし、私たちにも、目指すべき理想像のひな形はあります。

日本国憲法は国民主権、基本的人権の尊重、平和主義という3つの基本原則を持っています。また、経済の分野では、近江商人の「三方良し」があります。「売り手良し」「買い手良し」「世間良し」。これらをあわせて考えると、日本の基本理念は以下のようになるでしょうか。国民が主体的に国を司ること、国民の幸せに貢献すること、近隣諸国をはじめ世界の人々に貢献すること、世界の平和に貢献すること。

これを実現するための「必要条件」として、教育の変革が不可欠です。自ら問いを定め、その答えを追求していくという、主体性を育む教育を行うことが重要です。そして、こうした人材を生かせる環境をつくることが大切です。

日本の未来を悲観することはありません。理念を打ち立て、環境を整えれば、自ずと道は開けます。

伊藤俊輔の直諫

外交・安全保障の不安定化は国力の低下が原因だ！

伊藤俊輔（いとう・しゅんすけ）

1979年8月、東京都町田市生まれ。
私立桐蔭学園小・中・高・大卒。
北京大学へ留学後、中央大学経済学部国際経済学科在学中、会社起業。
第46、47回衆議院議員総選挙に立候補も共に比例次点で惜敗。
第48回衆議院議員総選挙で初当選を果たす。
第49回衆議院議員総選挙2期連続当選を果たす。

https://i-shunsuke.com/

すっかり衰退してしまった日本の競争力

学生時代に米国や中国北京大学に留学し、帰国後に会社起業経営を通じ、国際的ビジネスに関わってきた経験から、米中の競争力や経済力などを目の当たりにしました。外交問題などにより物流が止まったりと幾度も経営感覚のない政治が経済の足を引っ張っていると感じてきました。世代間格差や税制を含め、公平でも平等でもない偏った状況を生み出す政治への憤りと怒りを噛み締め、国力、経済力の低下やそこから不安定化する外交・安全保障などの課題に対して、危機感と問題意識をもって政治の世界へ参画しました。

2度、衆議院選に惜敗し、5年間の浪人生活のなかで多くの切実な声を聞き、3回目の挑戦で国会に議席をいただきましたが、国会は、国会議員にも役人にも嘘や誤魔化しが横行し、だれも責任を取らずの無責任世界。これでは国が良くなるはずはありません。

また政治家の見るべき方向が誤っているため、豊かさが偏り、人や教育、次世代や成長分野への投資や分配が進まず、長きにわたり日本の経済が低迷し、まっとうに働いても賃金は上がらない。そんな背景から、非正規雇用も、貯蓄ゼロ世帯も、過労死も自殺者も増えています。1989(平成元)年、世界時価総額トップ企業上位50社のうち日本企業が32社を占めました。34年後の現在(2023年7月末時点)、上位50社のうち米国31社、中国5社、そして日本はトヨタ自動車1社のみ。また、新時代を担うユニコーン企業は、世界で1200社以上ですが、内訳を見ると、米国が656社、次いで中国の172社と、米中で約7割を占め、日本はわずか7社のみ。かつて世界を席巻していた日本の産業や企業は衰退し、失われた35年、6人に1人が最低賃金で働くようになった日本の現実を見れば、これまでの延長では日本の未来はありません。今日より明日はきっと良くなると言われて育った時代から、夢や希望が持てず、将来不安が増えるばかりです。

税制を変えて経済力を復活させ、〝平和な安全保障環境〟を取り戻せ

政治の仕事で重要なものに〝税制〟があります。だれに、どれだけの税負担をお願いするのか。高齢者か若者か、高所得者か低所得者か。大企業か中小企業か。それらを決めるのが政治です。給与から天引きされるなど、国民が税に疎くなるような仕組みになっており、疎くなればなるほど不平等に国民負担が増えています。

法人税は、大企業より中小企業のほうが税負担率が重く、所得税は、所得4000万超から税率が上がらないことや金融所得の分離課税もあり、所得1億円を超えると税負担率が軽くなり、1500万円の方と10億円以上の方々がほぼおなじ負担率になっています。消費税は、生活に必

要なものも高級品もおなじ税率で、所得が低いほど負担が大きい税です。これまでアジア通貨危機からリーマンショック、東日本大震災、コロナショックと経済に大きな影響のあるなかで、度重なる消費増税がのしかかり、GDP6割を占める個人消費や設備投資も冷え込み、消費税の引き上げはむしろ法人税や所得税の税収減に影響を及ぼし、中小企業などの6割が消費税を払えておらず、日本経済の低迷、賃金もあがらない要因にもなっています。

日本を取り巻く安全保障環境においても、抑止力の観点から防衛費や軍事力などを急速に高める歴史的転換期にありますが、不安定化したのは、日本の経済力、国力の低下による要因も大きく、もしも防衛費の財源を増税などで賄うとするなら、さらに経済の悪循環を生むでしょう。

防衛省は防衛費も装備品なども増やしたいと考え、一方、財務省は財源確保のため、増税などの国民負担を考えますが、そこには経済や国民生活などの現状が抜け落ちているのです。経済や国民生活を犠牲にしてでも、防衛費の増額がどれほど必要なのか。経済力を高めることのほうが、むしろ抑止力を高めることになります。

自民党にはタカ派とハト派がおり、絶妙にバランスを保ちながら立憲主義と専守防衛を堅持し、抑制的に日本の防衛・外交安全保障を保ってきましたが、安倍政権以降、タカ派ばかりになり、日本は右傾化し、歯止めが利かなくなっています。まさに立憲野党はかつての自民党のハト派の役割を担っており、最後の砦です。

黙っていては変わらない。これまで与党ができなかった改革に果敢に挑戦し続けます。

中谷一馬の直諫 無知の知から10年後の常識を創る

中谷一馬（なかたに・かずま）

1983年8月30日生まれ。B型。子どもたちのパパ。貧しい母子家庭で育つ。厳しい経済環境で育ったことから、経済的な自立に焦り、日吉中学卒業後、社会に出る。しかし「なにか違う」と思い直し、横浜平沼高校に入学。働きながら呉竹鍼灸柔整専門学校にて柔道整復師の資格を取得し、慶應義塾大学に進学。デジタルハリウッド大学大学院にてMVPを受賞し首席で修了。デジタルコンテンツマネジメント修士号の学位を取得。その傍ら、東証プライムに上場したIT企業㈱gumiの創業に執行役員として参画。その後、第94代内閣総理大臣・菅直人の秘書を務め、27歳で神奈川県議会における県政史上最年少議員として当選。世界経済フォーラム（ダボス会議）のGlobal Shapersに選出され33歳以下の日本代表メンバーとして活動。第7回マニフェスト大賞にて、その年に一番優れた政策を提言した議員に贈られる最優秀政策提言賞を受賞。著書の『セイジカ新世代』（幻冬舎）が咢堂ブックオブザイヤー2020にて大賞を受賞。

現在、立憲民主党 神奈川7区（横浜市港北区）衆議院議員（2期）、立憲民主党デジタル政策PT座長、政務調査会副会長として活動中。

「インターネット投票の導入の推進に関する法律案」を筆頭提出者として提出するなど、政界でもトップクラスのデジタル政策通。

趣味は、“ラーメン”の食べ歩き。

https://kazumanakatani.com/

〝未来共創〟明日をもっとよりよく

「人が想像できることは、人が必ず実現できる」

これは、サイエンス・フィクション（SF）の父、ジュール・ヴェルヌの言葉ですが、実際に私たちの生活においても、数十年前にこんな未来が来るかもと想像していた多くのことが実現されています。たとえば、アニメ『ドラえもん』は、近未来を想像しやすい物語ですが、SFの秘密道具が現実世界でも、それらに近いかたちで実装されています。

具体的には、個人で空を飛べる道具『タケコプター』は、ジェットエンジン搭載のフライボードというかたちで実現されました。また、『ほんやくコンニャク』というどんな言葉でも操れるようになる道具は、ウェアラブル翻訳端末というかたちで実装され、インターネットも6G（第6世代移動通信システム）が主流になる時代がくれば、どこの国の人とでもほぼストレスがなく、スムーズにコミュニケーションが取れるようになると思います。

さすがに『タイムマシン』はできないだろうと思っていたら、メタバースとブロックチェーンの発展で実質的なタイムリープが体験できます。

たとえば、過去の疑似体験として、戦国時代に本能寺の変で織田信長が死んでいなければどんな時代になっていたのか、などフィクションストーリーのシミュレーションを行うことや、未来の予測として若者向けにベーシックインカムを導入したら、出生率、婚姻率、就業率、労働力率、自殺死亡率などにどのような変化があるかなど、仮説検証を行うことが可能となります。

そして、ＡＩがより高性能に進化し、ロボットに搭載される時代になれば、まさに『ドラえもん』が誕生することになります。

このような社会の変化に、ワクワクする一方で、テクノロジーの進化による社会構造の変化にしっかりと対応し、国民生活を豊かにするといった使命を与えられている国会議員として、非常に重たい責任を与えられていることに対して緊張感を持っています。

テクノロジーの発展は、理想を突き詰めれば、人類が労働することなく、自動的にあらゆる物の生産とサービスの提供がなされる社会が実現されるという可能性につながります。

少子高齢化が進む日本においては、ビジネス、教育、医療、福祉、介護、防災、防衛、農林、水産、ものづくりなど、生活に関わるあらゆる分野においてその発展が期待されます。

しかし、残念ながら技術革新に対応できなかった国や組織は、いつの時代も新興勢力に打ち負かされて、衰退してしまうという現実は、歴史を振り返っても明らかです。

最強と言われた武田の騎馬隊が、織田勢が導入した新兵器である鉄砲を用いた戦術の前に大敗したストーリーは、日本人にも馴染みの深いところです。

こうした教訓から学べることは、テクノロジーの進化を止めることは時代の潮流を考えても不可能であるため、進化をあえて止めるような動きをするのではなく、健全に発展させて、その恩恵を公平公正に分配していく知恵が求められているということです。

コペルニクスが、天動説が主流の時代に地動説を唱えたときのように、物事の見方が180度変わってしまうコペルニクス的転回に対応しなければならないことは、いつの時代にも訪れますので、極端な排除は好ましくなく、柔軟に社会で受け入れることが必要です。

一方で、イギリスの産業革命時代に起こってしまった「機械の打ち壊し運動」のような哀しい歴史を繰り返さないためにも、一部のテクノロジーを活用することのできる者に、権力や富が集中しないように、規制とイノベーションのバランスを保つことが必要不可欠です。

こうした新時代における新世代の政治家の役割は、「無知の知」即ちわからないことに気づき、わからないことに向き合い続け、その答えを国民に示すことが求められると考えています。

政治家・中谷一馬は、テクノロジーの進化に対応した、0から1を生み出す創造性を発揮する仕事を進め、国民にその健全な発展と恩恵の公正な分配のあり方のビジョンを示し、その未来ビジョンからムーンショット型で必要な政策を逆算して、推進して行きます。

こうした観点で未来の〝スタンダード〟を創るべく、10年後の常識はどういう時代かを推察しながら、豊かな日本を再興し、より良い時代を切り拓くために、現政権を超える新たな選択肢を仲間たちとともに本気で創ります。そして私自身も2030年代、総理大臣を目指し、世界平和を実現するという目標を具体化できるように日々精進頑張りますのでご注目ください。

“Think different”

塩村あやかの直諫
「みんな」のための政治を大切に

塩村あやか（しおむら・あやか）

1978年7月6日生まれ。広島県福山市出身。

共立女子短期大学卒業後、Australian School of Tourism and Hotel Managementに留学。

中央大学法学部通信課程在学中。

放送作家として「シューイチ」「24時間テレビ」などを担当。

ライフワークの動物ボランティア活動などを経て、2013年、世田谷区より東京都議会議員選挙に初当選。

2017年、衆議院議員総選挙に出馬し惜敗の後、2019年、参議院選挙にて東京都選挙区で初当選。

現在、立憲民主党青年局長代理、国際局副局長。

ちみ太（15歳）、たまこ（16歳）、まるこ（5歳）の保護猫3匹と暮らす。

https://shiomura-ayaka.com/

「理想」を目標に、確実に前進させる政治を

「就職氷河期」。子どものときにバブルがはじけた。それまで日本の経済は最強で、ＧＤＰが上がり続け、大きな船舶に大量の日本車が吸い込まれていく映像と共に、貿易黒字過去最高を伝えるニュースが流れ続けていた。だから、「不況なんて一時的なものに違いない。10年以上先の就活のころにはきっと回復している」と思いこんでいた。

しかし、それは大きな誤りで、私が短大を卒業する１９９９（平成11）年は就職氷河期のなかでも、最悪に近い就職難の年となり、当時私が希望する業種や職種が正社員採用を見送った。

そうして、私は非正規雇用で社会に出ることになった。

そもそも私は特殊な家庭の事情もあり、ジェットコースターのような人生を送ってきた。社長令嬢として過ごした幼少期、突如、父が逮捕され（25年後、裁判所により再審が認められたものの、検察の抗告中に77歳で父は死去）、家は没落。父母の別離や家族の崩壊、掌を返したように離れていく人たち。風呂のガス代がもったいないと、一家で水風呂に入っていたこともある。寒かったし、惨めだった。そんな子ども時代を過ごし、少しでも早く地元から脱出したかった。東京の短大へは辞退不可の指定校推薦を親に内緒で申し込み、上京を果たした。当然、仕送りもな

にもない（父が学生住宅の家賃だけは支払うと言ったため入所するも、支払いが5か月で滞り、追い出されたことは忘れられない）。つまり、卒業と同時に奨学金という借金を背負った。

そんな私は特殊か。

当時は特殊だったかもしれないが、時代が進んだいま、これは決して特殊ではなく私のような当時の少数派が、多数派になってしまっている。時代が進んでいるのに、困難な状況を抱える若者は増加している。こんな国に誰がした？

自分語りばかりで恐縮だが、20代のころの私は上昇志向の塊で、ライターとなってからは常に企画書を持ち歩き、TV局員や番組に売り込みを欠かさなかった。企画募集には応募をし続けた。深夜2時くらいまで局の廊下に張り付いて、局員さんをつかまえて企画の実現を売り込んでいた。「努力をすれば実力もつく。それを応援してくれる人や仲間も増える」「努力もせずに私を批判する人がいるのは間違っている」「実家のことは努力で払拭できる」。そんな考えだった。しかし、残念ながら、これも誤りだった。

自力救済できる人ばかりではない、ということは恥ずかしながら都議会議員となって気づいたことだ。以降、私は「リベラル」といわれる政治を軸に、福祉や社会保障を大事に、活動を政治家として続けている。しかし、最近気になっているのは、前進できる分野や人に対して「前進できない分野やついていけない人がいるので反対」という判断が一部リベラル陣営に広まっており、大きな影響を与えていることが見過ごせない。0か100の判断、つまり、All or Nothing になっていないか。

たしかに理想は大事だ。しかし、理想のみを判断基準にしていては、絶対にいけない。なぜならば、政治はたとえ妥協であったとしても、それを重ねつつも前進させていくべき役割と私は考えるからだ。さらに、状況判断もそれに加わるだろう。時に与党を徹底的に批判し、時に協力をする姿勢も、時にお互いに納得いかないまでも合意をするという姿勢も私は大事であると考える。それは、「日本を停滞させないために」。それは、「だれかのためだけの政治」にしないために、それは、「政治を前に進めるために」である。

当事者であるAさんも、当事者ではないBさんも、利害関係のあるCさんも、興味すらないDさんも、みんなが「それなら仕方ない」といえる落とし所を探るのが、政治の基本。だからこそ、思想信条は違うが対話できる関係を保っておくというのも大事な要素である。思想信条は概ねおなじなのに対話ができない場合の結果は、常に「合意に至らず」。つまり、停滞のみ。

私たち、若手国会議員に課された役割のひとつは、政治の分断の修復であるとも思う。

藤岡隆雄の直諫
日本低迷10年の現実と国際比較して向き合うべき

藤岡隆雄（ふじおか・たかお）

1977年3月28日生まれ。家族／妻、長女（11歳）。本籍・住所／栃木県小山市城東2丁目。

大阪大学基礎工学部卒、大阪大学大学院在学中に国家公務員Ｉ種（経済職）合格、金融庁入庁。９年強勤め、金融危機克服に向けた法律づくりなどに携わり、実務の中心となる総括課長補佐を経験。

2012年以降、栃木県第4区において3度の衆議院議員総選挙に挑戦し、苦杯をなめる。最後の挑戦として背水の陣で臨んだ2021年10月の衆議院議員総選挙で初当選。

2023年2月、第208国会での国会質疑、質問主意書、議員立法などを踏まえ、「三ツ星議員」表彰を受賞。現在は予算委員会委員、財務金融委員会委員を務める。

https://fujioka-takao.jp/

政策の的を外し続ければ、日本の転落に歯止めがかからない

親戚縁者に政治家は一人もいないサラリーマンの家庭に生まれました。政治が身近とはいえない環境ながら、歴史が好きだったことから、小学校の高学年のころから〝公〟のために尽くす政治への漠然とした関心を持ちながら育ちました。

20歳のとき、将来なにをすべきかと思い、公に尽くすか、起業の道に進むかと自問自答していたところ、山一證券自主廃業などをはじめとする金融・経済の危機に見舞われました。

この瞬間、我が国ではいままでとは違うなにかが起きているとの電流が走るような危機感に襲われました。なんとしても沈みゆく日本を救い、良くしたいという気持ちに突き動かされる想いから、なにを言われても「自分を守るのではなく、公のために尽くし、政治に一身を捧げる」という志を固めました。

しかし、9年強の金融庁勤務を経て挑んだ道は険しく、3度の衆院選挑戦でいずれも苦杯をなめました。それでも、浪人中に地元を歩けば歩くほど、お声を聞けば聞くほど、この故郷(くに)を愛する想いがだれよりも強くなり、最後の挑戦と宣言し、4度目の衆院選に背水の陣で臨んだところ、地元の皆様に救っていただき、初当選。積み上げた想いの実現に向き合うステージに立たせていただきました。

衆院選に出馬表明して以来、9年2か月の長い浪人時代に国に対する想いや志が鍛えられましたが、その間の日本を顧みると、国際比較の統計などで大きく停滞してしまった現実を目の当たりにし、危機感がより増しました。

たとえば10年前と比較し、一人あたりのGDPを見ても、いまや先進7か国のなかで最低水準に低迷し、実質賃金や実質雇用者報酬も同様に低迷。長い目で見た日本経済の成長力を映し出す「潜在成長率」も低迷しています。近時の円安は、国力の低迷を物語っている現象であるとも感じます。

また、国際金融センターの指標で見ても、東京はトップ10から陥落し、21位まで転落しました し、科学技術の世界に目を移してみても、注目度の高い論文数で韓国に抜かれるなどトップ10から陥落し、研究者の中国への頭脳流出も止まりません。日本は土台から崩れているとしか言いようがありません。

異次元金融緩和が長期化したアベノミクスについては、冷静な検証が必要だと考えています。政府は「デフレでない状況をつくった」「雇用者数が増えた」というような成果を誇張しますが、国際比較をしたときの経済をはじめとする我が国の厳しい現実にもっと向き合うべきです。

潜在成長率の低迷などは長期化する異次元金融緩和の副作用といえるのではないか、賃金が思うように上がらず物価だけが上がってきたことなどについても、十分な検証が必要と感じます。

この10年の間に、日本銀行がＥＴＦの買入れを進め、ＧＰＩＦが株式投資への傾斜を深め、大学ファンドまで株式への投資を進めていくなかで、株価は上がったものの、日本経済を表面ではなく、芯から底上げできたかどうかについて大いに疑問を感じています。

科学技術の面でも、10年雇い止めが起きやすいルールとなり、短期の成果をあおるかのような間違った競争を促進し、研究者を粗末にしたとしか言いようがないとも感じます。もう一度、研究者が安心して研究に専念できる環境を構築することが求められます。

国難と言える人口減少については、結婚を難しくさせてしまっているカベに政府は向き合い方が足りないと強く感じます。結婚後の生活資金が描けないという声について、非正規社員にとどめ置かれる若者を救うための制度・予算の充実に重点を置かなければなりません。いまの若者の思いに寄り沿った形での、安心の出会いの機会が増えていくよう工夫を凝らしていかねばなりません。

心底からこの国をなんとしても立て直したい、という熱い想いがマグマのように沸々と燃え、政策の的を外し続ける政府に対し、突き動かされるような危機感で活動しております。

高松さとしの直諫
松下幸之助の言葉を原点に、マイク１本でスタート

高松さとし（たかまつ・さとし）

1974年7月26日生まれ。家族は妻と2児。

練馬区立大泉第三小学校、練馬区立大泉西中学校、慶應義塾志木高校、慶應義塾大学法学部法律学科卒業、東京大学大学院工学系研究科都市工学専攻（東大まちづくり大学院）修了。

NTT（日本電信電話株式会社）、ITベンチャー企業役員を経て松下政経塾に入塾（第25期生）。卒塾後参議院議員公設秘書、外資系戦略コンサルティングファームに勤務。

2011年、2015年、練馬区議会議員に当選、2期務める。

以降、国政進出を目指し、党の各種選挙の応援部隊として全国を飛び回り、自民党を打破。選挙職人との評を得る。

2023年1月、立憲民主党東京第28区総支部長に就任、第50回衆議院議員総選挙公認候補予定者。

目指すは庶民目線、生活者目線のまっとうな政治。平和・環境・暮らしを守る。

直諫の会には結成時から特別会員として参画。

https://takamatsusatoshi.jp/

パラダイムシフトした時代の政治に必要な政党になる

「偉大なるものは嵐の中で育つ」

「泥多ければ仏大なり」

衆議院議員を目指すにあたって松下政経塾の先輩から受けた薫陶（くんとう）の言葉を噛み締め、直諫の会のメンバー、また多くの仲間に支えられながら、日々政治活動を進めています。

そもそも、なぜ私は政治家を目指すのか。それは長く続いている「国民不在の政治」を国民の手に取り戻す、この一点に尽きます。

これまでは、自分の育った地域、東京都練馬区の区議会議員を2期務めました。36歳で初当選し、若き区議としてしがらみのない政治、情報公開を進める政治、税の無駄遣いを正す政治を掲げ、新しい政治への挑戦を続けました。実績として誇れるのは、費用弁償（1日議会に出席するだけで交通費名目で３０００円が支給されていた）を完全廃止に導きました。また政務活動費の使途金額・内容のインターネット公開を実現しました。議会の常識は世間の非常識、そんな議会を改めてきたという自負を持っています。

アドバンテージを持った2世、3世のように政治家家系でもなく、特定の支持団体もない、それでも世のためになりたいという熱い想いで、たった一人駅頭、街頭に立ち、マイク１本で政策を訴え、希望を示しながら、広く区民の意見、区政に対する不満や要望を承りましたが、これこそが私の政治活動の原点になっています。また、松下政経塾で教わった松下幸之助の「政治を正さなくては、日本は良くならない」という言葉を志の原点としています。

区政改革も長年染みついた垢やサビを落とすのは容易ではなかったですが、国政においてはさらに垢やサビだけでなく、腐食が見られます。深刻化する少子高齢化、懸念される社会保障制度、財政の持続可能性、拡大する格差などなど、国の将来において深刻極まりない長期的な課題が山積しているにもかかわらず、変わらない、変えない、緩んだ、たるんだ、おごった独りよがりの政治が続いています。見たくないものには蓋をし、やらなければならない面倒なことは先送り、後回しに。これでは国民の将来への不安が消えることも薄まることもありません。

ＩＴ技術の進化により社会モデルが一変、ＡＩがあらゆる分野で存在感を示してきています。ロボットが製造現場からサービスシーンにも登場し、わずか20年前には想像もできなかったＳＦの世界が現実になってきました。しかし、自民党政治はいまも旧態依然、場当たり的で泥縄的で、世襲が幅を利かせ、既得権益を優先する「昭和の政治」を続けています。「失われた30年」、ある意味当然の結果でしょう。

有権者にとって選択肢になり得る健全な野党が存在してこそ、政策が切磋琢磨（せっさたくま）される二大政党制が確立され、政権交代可能な民主主義政治が実現されることは諸外国の政治制度が実証しています。

新しい時代、これまでのように「古くさい」自民党政治に代わる政治をつくり出す、それが直諫の会であります。

○情報を隠す、誤魔化す政治から、情報公開を加速する政治へ。
○世襲政治家が跋扈（ばっこ）する政治から、多様な背景を持った政治家が活躍する政治へ。
○中央集権型、利益配分型の政治から、地方分権型、規制改革型の政治へ。
○しがらみ、なれ合いの政治から脱却し、国民・有権者が最優先される開かれた政治へ。

まずはこうしたことを丁寧に伝え、国民の、有権者の理解を得るところからはじめていきます。

Chapter 2

いまそこにある国民的課題と問題を
直諫の会の精鋭が本音で語った

16時間24分の大鼎談

PART 1

30年先まで元気な経済

大きく変化した世界のなかで、
日本ははたして存在感を示すことができるのか。
そこに見える未来とヒントとは！

テーマ

AI・デジタル

未来はドラえもんか、ターミネーターか。
テクノロジーの進化は生活をバラ色にするか、
人類を滅亡させるか

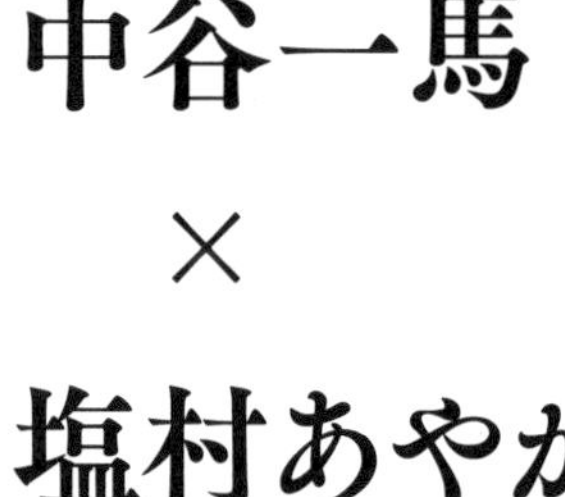
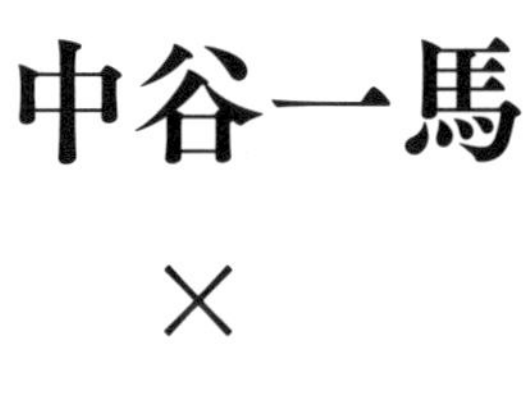

中谷一馬

×

塩村あやか

×

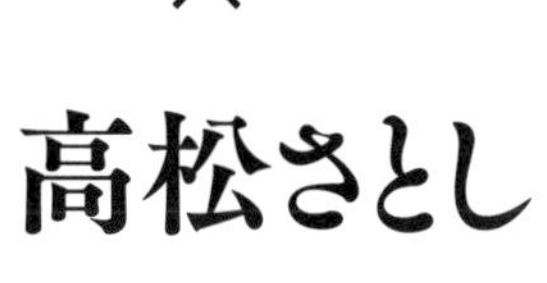

高松さとし

自分たちの仕事はどうなるんだろう。漠然とした不安を抱えるデジタル化社会

中谷一馬（以下、中谷）　テクノロジーの進化は、理想を突き詰めれば、人類が労働することなく、自動的にあらゆる物の生産とサービスの提供がなされる社会が実現されるという可能性につながります。一方でイノベーションによるさまざまなベネフィットとリスクがありますので、社会構造の変化にしっかりと対応し、国民生活を豊かにする使命を与えられている国会議員として、バランスをどう考えますか。

塩村あやか（以下、塩村）　私は高尚な話はできないけど、台湾の議員たちとお話ししたり、実際に台湾へ行ったり、韓国へ行ったりして日本よりも進んだデジタル化社会を見ています。私が若いころ、台湾や韓国より、日本は技術立国でテクノロジーは進んでいるという感覚でした。ところがいまはめちゃめちゃ日本のほうが遅れている。

あと最近、デジタル関係で、たとえばマイナンバーとかいろんな法案が出てくるなかで、私たち立憲民主党は皆が等しく使えるようにという理念のもとで議論をするので、進め具合を少しゆるめすぎているんじゃないかと。ストレートにいうと「デジタルに反対」しているように見えるし、デジタル化が遅れた一因になってしまっているのではないか、という。

中谷　塩村さんのおっしゃったとおりで、私も10代のころは日本が進んでいると思っていたんで

すけれど、いまは、圧倒的に他の東アジアの国のほうがデジタル環境が進んでいるんですよね。韓国では、良いか悪いかは別として、駐車禁止のところに車が一定時間停まっていると、防犯カメラがナンバーを撮影して、自動で取り締まられます。また、ブロックチェーンを活用したインターネット投票のシステムはとっくに実装していて、啓発も踏まえて町内会の選挙などで貸し出しを行っています。中国の深圳では防犯カメラのＡＩ認証でだれがどこにいるか、ある程度把握できるようになっていて、迷子になった人や罪を犯した人を見つけやすい仕組みが整っていたりするなど、社会の中にデジタル化が溶け込んでいる状態です。

高松さとし（以下、高松）　私も中谷さんとおなじ立場で、技術の革新や新しい発明が人々を豊かにして新しい時代をつくっていくと思っています。かつての日本人は新しいものを取り入れるのが上手く、常に先を行っていた感覚が未だあるんですが、ことデジタルで言えば、完全に乗り遅れていると感じています。

　で、中谷さんと言えば、日本ではじめて、国会でチャットＧＰＴを使って質問をされた。僕はすばらしいと思ったんですよ。しかし「国会質問にＡＩを使うのはいったいどうなんだ」というベテラン議員からの声もあるじゃないですか。ＡＩとか技術の発展が怖いという見方が、最近の日本人に多すぎることがむしろ怖くて。というのも、そうした見方がどんどん日本の発展を遅らせるのではといった危惧を持っているんです。

中谷　テクノロジーの発展によって、みんなが自分の存在意義を問われる時代になってきているんです。人は、「知らないこと」「未知のもの」「存在意義を脅かすもの」に対して生理的に恐怖心を持ち、場合によっては否定したり、遠ざけたりしようとすることが、歴史的にもありました。だからこそ、テクノロジーの進化による、社会のあり方を真剣に考える必要があります。

ＡＩが進化することによって、自分の知識を共有することでビジネスをしている人、たとえば、学者や弁護士、政治家などいろんな職種の方々が、自分の仕事はどうなるんだろうという危機意識を持つでしょう。ただ、これはＡＩだけでなく、あらゆる技術の進化がそうで、自動運転の車が普及すれば、ドライバーの仕事が減り、メンテナンスなどの業務が主軸になるんだろうなとか、各々が当然不安に思っていると思います。

高松　いまはまだ、ただ漠然とした不安でしょうが、不安を持っている人は多いかもしれません。

中谷　新たなテクノロジーの発展・進化を止めることは時代の潮流を考えても不可能なので、その前提で健全なイノベーションの発展と適切な規制とのバランスを取りながら、その恩恵を公平公正に分配していく知恵が求められています。

チャットＧＰＴの話に触れていただきましたが、すでにＡＩがこれだけ発展しているんですよということを、国民のみなさまと代弁者である議員に知っていただきたいと思い、ＡＩが生成した質問を国会で総理大臣に行うというデモンストレーションを行いました。この事例が日本の憲政史上というか世界でもたぶんはじめてだったということで多くのメディアに取り上げていただきました。ただ実はこの日は、チャットＧＰＴを使った質問だけではなく、ＡＩの活用方法、規制のあり方、教育、防衛、選挙、民主主義への影響など幅広いテーマで多角的に総理大臣、官房長官などに50分の質疑を行ったんですけど、メディアが伝えた総理にＡＩを使った質問をはじめてやったというところだけをご覧になった方からは否定的な意見もありました。

高松　否定的な声はどういったものだったのですか？

中谷　「政治家の自己否定じゃないか」「ＡＩにそういった質問をつくらせるのは無責任じゃないか」とか、いろんなことをおっしゃった方がいました。

ただ、こうした意見をされている方は、もしかしたらまだチャットＧＰＴのような高精度ＡＩチャットボットを使用したことがない、もしくは現在のスペックをしっかりと理解した上で利用ができていないのではないかと推察します。

２０２３（令和５）年4月14日の内閣委員会の質疑において、官房長官、科学技術政策担当大臣に「チャットＧＰＴを使用されたことはありますか」と尋ねた際に、「利用したことがない」という返答をいただきました。私からは、チャットＧＰＴの規制や活用について考えるのであれば、まず触って知ることが重要ですと指摘しました。

触れていただければわかると思いますが、現在の高精度ＡＩチャットボットのスペックでは、生成される言語の精度一つを取ってみても、業務をすべて任せることは不可能です。また私自身も、現時点ではＡＩがつくる質問や答弁よりも、人間がつくった質問や答弁のほうが精度が優れていると考えています。ただ、ＡＩのアルファ碁が世界トップクラスのプロ棋士に勝ったように、私たち人類よりもスピードが速く、精度が高い内容の作文が可能になるのは、時間の問題とも考えています。

塩村　肯定的な意見も多かったような気もしたけど。

中谷　ポジティブな意見では、「立法府や行政府の仕事が効率化されて生産性も上がっていいんじゃないか」とか、「これから少子化の時代で労働力も減っていくからとってもいい」など。賛否両論ありましたが、社会への一石を投じられてよかったですし、生成ＡＩに関する注目が集まったことで、みんなが問題について考え、意識を共有することに繋がったと思っています。

高松　賛否の割合っていうのはどんな感じだったのでしょう。

中谷　ネットや記事で否定されていることがありました。そのなかで、私も面白いなと興味深く考察していたのですが、否定的な意見が多かったのは圧倒的に年配の男性でした。既知の知識でそれらしいことを述べられているのですが、たぶんＡＩのことをあまり理解されていないんだろうなと感じる論調が多くありました。反射的に自分の存在意義が脅かされるという危機感が出たのかもしれません。

ただ、問題はそこではなく、批判している内容が完全にピントがズレているところなんです。これまでの既知の知識で自分が専門性を持った領域のなかだけで論評するという感じでしたね。「国会質疑に生成ＡＩを使うなんて嘆かわしい」とか「お前の質問内容はチャットＧＰＴレベル」とかもはや貶(けな)されてるのか褒められてるのかわからない内容が多くありました。メディアからも多くの取材を受けましたが、否定的な切り口を考えられていた方は、私の話をちゃんと聞いて納得してくれて、最後は記事にしなかった人がたくさんいました。

塩村　0か100かじゃないということをわからないで批判してくるんですね。日本は0か100かで国会議論や政府批判を野党はするし、報道側もそう。

中谷　実は、リアルな現場で批判されたことはまだ一回もないですね。それには2つ理由があると思っていて、まず一つは本人には言いづらい。もう一つはそもそも論評や批判するほどよくわかっていない。テレビに映っていたねとか、ＡＩ使って質問していたねとか、賛否ですらない状態です。ネットでは立法府で政治家がＡＩを使うなんて議員がすることじゃないという意見が一瞬、バーッと拡散していきました。野党の私が質問したことによって、野党のやることだから叩いてやろうと思った方々がいたのでしょう。でもその後、自民党さんもＡＩの提言を出したり、政府が進めたいということを発信しはじめたら、その辺りの批判らしきものはどんどん見なくなりましたね。良くも悪くも。

高松　最初に池に石を投げた、そんな感じですね。

〝青銀共創〟で取り組めば、高齢者を置き去りにしないデジタル社会になる

中谷　私はいつも言うんですけど、コペルニクスが、天動説が主流の時代に地動説を唱えて波紋を起こしたように、私たちのような若手の議員や新しいものをつくる人たちは、常にそういう姿勢でいなくてはいけないと思っています。10年後の常識はどうなっているかを想像して、未来のスタンダードから逆算した政策を、自信をもって進めていけばいい。どれだけ批判されたとしても、その道がかならず将来の正解になると考えています。私たち若手議員は、社会に新しい価値観を提供し、上司や組織に対して正論をぶつけ、それがおかしいと言われて干されたとしてもむしろそれが仕事だと思うくらい割り切って前に進んで行かなければ、新しい時代なんて切り開けない。そういう役割を担っているんだと思って頑張っています。

高松　でも、実際にやろうとしても難しいです。口だけの方は結構います。ところが、中谷さんは自らが行動で示す。だから説得力がある。

中谷　今回の生成ＡＩ利用の批判は、私がはじめて育休をとった4年前、男性の国会議員が育休を取得することに対する理解が乏しいときに受けた批判と感覚がよく似ています。あのときも男性の政治家が育休をとるなんてとんでもない、税金で給料もらって、みんなから選んでもらってるのに、なに考えてんだって言われました。でも4年経ったいま、そんなことを言う人はだれも

いなくて、もう男性の育休は当たり前になっている。さらに時が経てば批判してた人たちのほうが、「昔の人はこんなこと言ってたみたいで恥ずかしい」と批判されているかもしれない。時代はこうやって移り変わっていくものだなと割り切って進んでいくことが大事かなと思いますね。

高松　少し戻りますが、チャットGPTのような生成AIをこれから日本人が、シリコンバレーに負けないように開発するのはなかなか難しいし、無理でしょう。そして、高齢化の日本ではデジタルへの親和性の低い高齢者も多く、デジタルの進化についていけない、そこに不安を持たれている方も多いような気がしますが。

中谷　そもそも高齢者や障がい者がついていけないデジタルは真のデジタルではありません。高齢者や障がいのある人が操作できないスマートフォンやパソコンなどではやはりダメで、だれもが使える物として社会に実装されているものこそが真のデジタルなんだと思います。

塩村　8割くらいの人がすんなり使えることが条件と言えそうですね。

高松　アップルの創業者のスティーブ・ジョブズの言っていた〝直観的〟というところが大切ですね。

中谷　台湾のデジタル大臣のオードリー・タンさんなんかも、まず高齢者の方々に、どういうことに困っていて、どういうことに悩んでいるか、という意見を聞いて、まずそこを解決するところからはじめています。高齢者の方々もデジタル機器やアプリケーションを使いたいと思っているんですよ。でも使い方がわからないと一気に敬遠したり、排除しようとしてしまう。本来的にはそうじゃなくて、高齢者の方々にむしろ教えを乞うて一緒に進んでいく。そのことを〝青銀共創〟（青年と年配者が一緒に学び、一緒に創造する）と表していました。これにはすごく感銘を受けました。若者のためのデジタルじゃない。国民みんなのためのデジタルじゃなきゃダメだと。

人が想像できることは、人がかならず実現できる。実は〝タイムマシン〟もできている⁉

塩村　我が党はすごくいい政策を持っていて、中谷さんがいちばんに言っているんだけど、党内でもたついているうちに政府与党が追いついてやっちゃう。もたもたのせいで、野党の強みが薄れちゃっている。デジタルに関連する政策は、我が党が最初に言っていることが多い。それをどうしていくかっていうのが課題だと思いますね。

中谷　それだけ多様な幅のある政党だってことじゃないですかね。リベラルから中道まで、もっと言えば保守もいて、年代も20代から80代までいる政党で、まさに日本の縮図を表しているような政党であると。でもまぁ民主主義ってまさにそういうことだろうなと私は達観しています。よく議員の定年制を導入したらどうかという話が出てくるんですけど、それって国民を馬鹿にしている話なんですよね。国民に能力がないから制度でコントロールしようという発想は個人的には好きではなくて、シティズンシップ教育の充実とかもっと本質的な課題解決を模索して、民主主義の理想を追求したいと思いますね。国民主権の国なんですから。

塩村　選ぶということで言えば、インターネット投票の話をしなければ。

中谷　インターネット投票の法案も、本格的なしっかりしたものを最初に出したのは我が党だという自負を持っていて、ブロックチェーン技術などを活用したインターネット投票のシステムを実現させようと、世界最先端の法案を作成して衆議院に提出させていただきました。

塩村　なのに、いまだ実現せず。

中谷　最初は、国民民主党さんと出して、最近は維新さんと提出したんですけれども、ネット投票は技術的にはとっくに可能で、どうみんなに理解を得ながら社会実装するかというフェーズだろうと。

そもそも、政治側が勝手に決めた日、しかも日曜日にあなたはここへ行って投票してくださいってどんな不便なシステムなんだと。いまどき全部スマホでできます。なんで投票の仕組みだけスマホでやらせてくれないんだと。沖縄へ行っていても、北海道へ行っていても、どこにいたって投票したいよ私はと。

高松　投票に面倒な仕組みを続けていて、それなのに投票率が伸びないと騒ぎます。

中谷　意外に思われるかもしれないですけど、ネット投票を導入しているエストニアで、いちばん投票率が上がったのは、相対的に見て高齢者なんです。なぜか。ほんとうは投票所に行きたいんだけど、入院していて行けないとか、車で20分かかるんだけど車がないとか、そういう人たちの投票率が上がりました。

塩村　だから進めるべきなんですよね。

高松　２０２３（令和５）年の統一地方選挙では80代、90代の投票率が下がっている。投票所になっている小学校とか中学校などまで行くのが大変だと。

塩村　どんどん数も減っているし、公職選挙法で時間の繰り上げが認められるようになって、投票所が6時に閉まっちゃうとかね。そう考えると、ネット投票は高齢者の方にとってもプラスになる。あとは、いかになりすましを防ぐのかとか、その辺のところだけですね。これも０か１００かではなく、技術をもってなりすまし投票を防げるとすればやるべき。トライ・アンド・エラーで前進する認識をみんなで共有してデジタルは進めたい。

中谷　ただ、既得権益層はゲームルールが変わることを嫌います。これまでそれで勝ってきているから。ボクシングの世界チャンピオンが、明日から全部キックボクシングでやります、となったら、負けるかもしれないじゃないですか。だからやっぱりゲームルールが変わることを嫌います。

塩村　なるほど。それは負けちゃいますね。

少し話が変わるけど、マイナ保険証に関し、我が党的にはすごく微妙な立場を示しているけど、私自身は賛成していて、実際にいま使っている。病院に行ってマイナカードを診察受付機にピッと入れて、過去の情報を見ていいですかってとこをＹｅｓにして受付終了。反対している人の多くは、我が党にもたくさんいると思うけど、個人の病歴がわかってしまうのは良くないとかね。ベネフィットを際立てるよりも、現実の利便性や個人の健康自体を考えても、私はもうちょっとデジタルを信頼してもいいんじゃないかなって思っているんですけど、なかなかそうはいかないんですね。

高松　デジタルに限らずですが、いろんな事象にはかならず光と影があって、日本って光が当たっているところはチラ見するくらいで、むしろ影の部分を見ようとする傾向が強いと思います。塩村さんも、もちろん中谷さんも、しっかり影を見ながら、それでも光のほうへ進む。日本人の特性なのか、暗い方向ばっかり取り上げられがちですが、政治がもっと努力をしていかなければいけないところですね。

中谷　これ意外に思われるかもしれないんですけど、G７の国の中では、ロボットやＡＩといったテクノロジーに対して、日本人はリスク意識が他国よりも低いそうなんですよ。

高松　個人的には逆のようなイメージがありますが。

中谷　なんでかというと、諸外国の、とくに英語圏のみなさんは、ターミネーターとかマトリックスといった、テクノロジーに人類が支配されたり滅ぼされるという映画を観てきて、危機意識を強く持っているんです。ところが、日本人はみんな共通だと思うんですけど、ドラえもんを観て育っているんですよ。ドラえもんが出す道具は便利で、しかも人にも危害を加えない。

サイエンス・フィクションの父と言われるジュール・ヴェルヌという人がいるんですけど、

「人が想像できることは、人がかならず実現できる」という名言を残されていて、確かにそうだなと思うのは、私たちがドラえもんを観ていたころ、こんな近未来が来るのかなってドラえもんからインスピレーションをもらったと思うんですけど、多くの秘密道具がすでに社会実装されているんですよね。

塩村　たしかに。タイムマシン以外は全部。

中谷　言い出したらキリがないんですけど、タケコプターは一人乗りのヘリコプターだったり、ほんやくコンニャクはウェアラブル端末の翻訳機に入っているし、タイムマシンはさすがに実現できないよなと思っていたら、まさかのメタバースとWeb3の台頭で、過去の疑似体験と未来の仮説検証が相当なレベルでできるようになっているわけですよ。織田信長が桶狭間の戦いで勝たなければどんな戦国時代になっていたかといったシミュレーションもたぶん相当な精度でできるようになると思います。

塩村　すごくわかりやすかった。だからさっき言っていたみたいにG7の中でAIに対して危機意識が高い国が多いというのは、人類を滅ぼしうるような技術であると認識しているからなんだね。

中谷　ただリスクは当然あって、みんながディーセントな価値観を持って、AIなどのテクノロジーを発展させないと、ほんとうに核兵器くらい人類を危機に陥れる危険性があることは間違いないので。

高松　そこは聞き捨てならないですね。教えてください。

中谷　自動運転の車ができるってことは、自動運転の戦車だって自動運転のヘリコプターだって、できちゃうわけですね。また、自動運転の殺戮（さつりく）道具、即ちキラーマシンみたいのが、できることがあり得てしまう。でも、このテクノロジーの進化は止められないわけですよ。ダイナマイトをつくったアルフレッド・ノーベルがさまざまな思いを込めてノーベル賞をつくりましたけれど、どうしても技術にはリスクとベネフィットがある。だからこそ国際的な会議体のなかで、どうコントロールするかということをみんなで話し合い、リスクに対する規制をしなきゃいけないというのは当然のことです。ただ、その一方で、テクノロジーが発展することで当然ベネフィットもあるので、その恩恵を社会全体で受けることを人類として考えていかなければいけない。

塩村　何度も言うように、ＡＩを基軸にした政策は、自民党にも維新にも増して、我が党はいつも最初に言っている。ところが、なぜかいつも埋没するっていう残念さを私はすごく感じている。そこが変われば、日本が動く可能性があるから、党内でもうちょっと若手の意見が生きるような制度仕組みをつくっていくことがやっぱり重要なんじゃないかな。

中谷　ウルトラＣはないんですけど、やることはシンプルで、短期的・中期的には広報啓発を行い、おなじビジョン、おなじ視点を共有すること。そして、長期的には数理・データサイエンス・ＡＩのリテラシー向上だったり、ディーセントな価値観をみんなで醸成し、その時代の当たり前の価値観をみんなで持っていく。そういったことをコツコツと党としてもやり続けて、いまの決裁権者の先輩方には、「一緒に観に行きましょう、この技術を」と、ともに手をつなぎ、歩んでいくことが大切だと思っています。

塩村　そこもすごく重要で、そういう価値観自体をキチンと選択できるスキームをつくったほうがいいですよね。たとえば、不妊治療の保険適用だって、実は我らがいちばんに進めていて、与党を動かしたのも私たち。

高松　菅義偉さんが総理になって「不妊治療の保険適用は私がやりました」みたいなことになっていますが。

塩村　我らが動かしたのに、やっぱり党内の事情で発信できていないという繰り返し。

中谷　コペルニクス的転回のような社会の大転換が数年に一度のレベルで起こってしまう、流れが速くなった時代において、先輩たちに知っていただきたいのは、既知の自分の知識のなかだけでなにかを判断することっていうのは、もう無理ですし、その必要すらもないんですということ。これからの時代は1を10に、10を100にする作業はテクノロジーがやってくれます。パターン化された業務はＡＩがやってくれます。私たち人類の仕事は、人と人との触れ合いでなければできない仕事、もしくは0を1にする仕事となりますので、ソクラテスの領域で無知の知に向き合い、知らないことに向き合い続ける姿勢がとにかく重要だということを伝えたいと思います。

テーマ

環境・エネルギー

世界の潮流に逆行する原発頼みのエネルギー政策は、

あまりにも短絡的で、その場しのぎ。

政府の再エネ・ネガティブキャンペーンは不都合隠し

山崎　誠

落合貴之

森田としかず

もはや原発は四重苦。それでも再生可能エネルギーへの転換に踏み切らない政府

山崎 誠（以下、山崎） 最初に、日本のエネルギー構造はどう考えてもおかしくて、それがずっと変わっていない。この点からはじめましょう。

東日本大震災における東京電力福島第一原発の事故以来、民主党政権下では「原発は恐い」という国民の声から再エネへと向かいましたが、自民に政権が戻ってしまい、自民は原発依存を続け、岸田総理は原発の新増設まで視野に入れた原発回帰に舵を切ってしまいました。原発政策について岸田さんは決定的に時代錯誤、間違った方針転換を決めてしまったのです。

資料がありますが、2020（令和2）年度の、我が国のエネルギーの自給率は11・3％。消費税よりも少し高いくらいの数字ですが、OECD加盟38か国中37位なんです。エネルギーのほとんどすべてを海外に依存しているのです。

森田としかず（以下、森田） エネルギーも食料も、人間の生活に欠かせず、人間が生きるためになくてはならないもの。その根幹の自給率が低いのは日本という国の存続にもかかわるでしょう。

山崎 私が自民党、政府に言いたいのは、日本が海外から武力攻撃される恐れが高まっている、だから防衛費をGDP2％にアップすると言っている。ほんとうに日本が危ないというんだった

ら、先にエネルギー自給率をなんとかしなきゃいけない。それで、自民党は「だから原発」なんでしょうけど、原発は武力攻撃の目標になり、存在自体が新たな安全保障上のリスクと言われています。もっとまともな議論をしてエネルギー転換の方向性を定めなければなりません。

落合貴之（以下、落合）　自民党、政府は、原発の比重を高めないと電力が賄えないって言う。しかし、我々はそうじゃない考え方をしているわけです。原発を使わなくても大丈夫だと。ただ、これは自身の反省も含めてですが、なかなか国民に正しく伝えられず、結果、十分に理解をえられていない。

山崎　まず一つ、電気が足りないって言っているのが誤解のもとなんです。ほんとうに足りないのはピーク時の話、ずっと電気が足りないわけではありません。

落合　まるで電気が足りなくなったら、停電必至で大変というような感じで言われますが、瞬間的に足りないということですからね。

森田　夏の猛暑日や冬の極寒時というピークを乗り越えられればいいんですよね……。

山崎　そんな日が、たまたま発電所が止まっている期間と重なったら、電気が足りなくなるのは確かです。しかし、それがどういう状況下であるかはデータを見れば明らかです。たとえば、政府は2022（令和4）年6月、電力需給ひっ迫注意報をはじめて出しました。電力供給の余力が5％を切るということでしたが、4日間でそうした厳しい時間は9時間くらいでした。だから、その時間帯は政府が国民に節電を呼びかけ、停電などにならず、回避できました。つまり、ピーク時にしっかり協力し合えば大丈夫。なのに、原発で補わなければ電気が足りないっていうのはおかしい。

森田　そうすると、「電気代が高くなります。いいんですか高くなるんですよ」と言う。

山崎　けっして原発のつくる電気が安いわけじゃありません。中長期的に言ったら原発はコストが高くて、再エネのほうがグッと安くなっている。再エネにシフトしていかないと、日本の電力料金は高値で固定化されちゃう。

落合　そうですよね。だから再エネをいかに有効に伸ばしていくか。結局、送電線が足りなかったりして、再エネを増やしたいのに増やせない。で、委員会で質問しようと思い資料を取り寄せました。政府は送電線投資を進めると明言し、実際に90年代にはずいぶん投資していました。近年どれだけ投資が増えているのかと見てみると、なんのことはない、増えるどころか減っているんです。

山崎　投資を8倍にするとか言っているよね。だけど、元の数字が低いところで8倍といったって、大した数字にはならない。投資が圧倒的に足りていないです。

落合　ひどいのは、再エネを伸ばそうと言いはじめてからのこの10年、減っているんですよね、なぜか。

森田　つまるところ、民間任せでやっていますから。

落合　そうですね、国が道路などのインフラとおなじように整備してゆく必要がありますよね。

国は電力会社の合理化によって、福島の廃炉費用を捻出しようとしているんですが、そこには「送配電網の合理化」と書いてあるんですよね。だから、福島の廃炉のお金を捻出するために、再エネ普及に必要な送配電網の設備投資を減らしていることに。結局は原発が再エネ普及の足を引っ張っている。

山崎　原発については、話したように発電コストも高くつくようになっているし、事故のリスクは避けられないし、使用済み核燃料（核のゴミ）などの廃棄問題、完全に無害化するまで10万年間管理しなきゃいけないという話もあって三重苦だったところに、ウクライナ戦争で四重苦になったんですよね。

落合　原発が狙われるっていう。

森田　原発を攻撃されればチェルノブイリ、福島のような、放射能汚染の被害が広がる。

山崎　明らかにそういう原発の国家安全保障上のリスクが明確になったということ。原発は四重苦を抱えているということを国民のみなさんと共有したいですね。次に議論したいのは、原発に代わるものがあるかという問題です。あるんです、それが再生可能エネルギーです。環境省が2022（令和4）年に出している〝我が国の再生可能エネルギー導入ポテンシャル〟というレポートがあります。この調査は過去何回か行われていますが、それを見ると再生可能エネルギーだけで、需要の2倍以上の電気を生み出せるとされています。日本は再エネ大国なんです。

落合　環境省が、再生可能エネルギーは日本の消費電力の2倍あるってお墨付きを与えているということですね。

山崎　ところが、経産省は「太陽光発電の設置場所がもうない」とか、「再エネの可能性は小さい」みたいなネガティブメッセージを出すんです。だから私は環境省にもっと頑張ってもらって、経産省にも数字を示してたたかってくれとお願いしています。自分たちが行った調査なんだから。

落合　そこまで原発を守り、かつ推進しようとする理由はなんなのでしょう。原発利権、なんですかね。

山崎　電力会社は原発の建設費などの減価償却が終わってないので、動かして収入を得ないとならないという経営上の理由があります。国策ではじめた原発なんだから、再エネに転換する際にも、政府が支援する必要があります。

森田　再稼働に関しては、減価償却しなければならないことについては理解しますが、増設、新規という話になってくると、時計の針を東日本大震災以前に巻き戻すことになってしまいます。

山崎　そこに関しては電力会社もそんなに前向きじゃないと思います。ただ、国にやれって言われればやる。だけど、これから新増設など進めるなら、事業の採算がとれるように国が面倒を見てくれなくては困る、責任は一蓮托生だから、というような感じでしょう。

落合　結局、政府は「原発は安い」と言っているのに、今回のGXの法改正で「経済環境が悪くなっても国が責任持ちます」とわざわざ入れました。原発が、経済合理性に合わない状況が起こりうるとわかっているんですよね。そんななかで再エネを伸ばすには、先ほどの送配電網と、もう一つ蓄電池が重要ですよね。ところが蓄電池に関して調べてみると、10年ほど前の蓄電池のシェア1位は日本だった。その後、他の国が再エネのため、EVのために蓄電池が必要だと力を入れはじめると、2016（平成28）年には日本の定置用蓄電池のシェアは3割近くあったのが、4年間で5％まで下がってしまった。ほかにもこんな事例がいっぱいあります。

山崎　経産省の産業政策は失敗の連続です。

落合　経産省が成長分野のブレーキを踏んでる。

エネルギー政策は無策、無能の経産省でなく〝環境エネルギー省〟へ、環境から考える

山崎　少し話を変えて、現在はエネルギーと環境はセットで語られることが多くなっています。そこで、私はエネルギーも環境省に任せればよくて、〝環境エネルギー省〟になって、環境面から再エネ中心のエネルギー政策を実施すべきと思っています。もちろんそこには経済的な思考も必要になりますが。経産省に任せていては再エネも進まないし、環境も悪化する。

落合　我々の政党は既存の財界とはそこまでべったりじゃない。なので、イノベーティブな経済政策はやろうと思えばやりやすいとは思いますね。

山崎　我々が政権を取れば、準備しているロードマップに基づいてエネルギー転換にすぐに着手できます。立憲民主党のエネルギー転換戦略では２０３０年までに再エネ50％、２０５０年には１００％を目指そう。そのために実現する施策のパッケージを提示しています。実現するためにはいくつも壁がありますが、現政権下ではまともな目標すら示せない。国際的に通用する高い目標を示し、そこに向かうと政治が意思決定すれば、国民も企業も団体も、産業全体もちゃんとついてくると思います。

落合　プラス、金融も。予見可能性があれば、投資はしやすくなるので。それが新しい成長につながります。経済政策の核になるのです。

森田　環境についていうと、現実的な問題として、たとえば洋上風力発電など発電効率からいうと良い立地でも、漁業への影響や景観が悪くなるといった懸念があるし、森林を切り開いて設置されるメガソーラーは、樹木の伐採で逆に環境を破壊したり、地滑りのリスクが高まるなど、地域環境への配慮が必要な点もあります。

山崎　我々はコミュニティパワーという考え方を示して、たとえば10基の洋上発電機を設置するとすれば、２基は地域のみなさんが出資し所有する形にする。地域のみなさんが参画することで自然環境を壊すような無茶な開発には歯止めがかかる。地域の住民のみなさんも事業者になって発電による利益を得るのです。発電で上がった利益で、町の公共交通を維持したり福祉サービスを充実させたりできるようになります。地域でお金がまわるモデルをつくることができます。

落合　コロナ禍の前の年に、ドイツの再エネの現場を見に行きました。北海道の牧場のようなところで畜産をやっているのですが、そこで出た牛糞でバイオマス発電しているんです。ただ、一か所の牧場だけでは発電量がないので、周辺の牧場で牛糞を集めて回るわけです。すると、それなりの売電収入が入ってくるようになって、その収入を公共のために使っている。結果、地域は税収だけに頼らずにエネルギーでお金を生み出して、新たな公共サービスができるわけですよ。

山崎　洋上風力発電は発電機を海上に設置します。そうすると発電機のまわりに漁礁ができて、そこに魚が集まって、新たなよい漁場ができあがるといった報告とか研究がたくさんあるんですよ。発想の転換が必要です。

落合　その研究報告、私も読みました。日本の報告でしたよね。

山崎　再生可能エネルギーも導入を間違えれば自然破壊につながります。あくまでもルールに基づく環境調和の開発を実現しなければなりません。そのためにも地域の住民の参画、地域での合意形成が重要です。利益の配分も含めて地域主導の再エネ事業を応援しています。

落合　さらに地域住民が自治体の経営にも関わってもらって、自治体が経営力を持てば、いろいろな可能性が出てきますよね。そうすると近隣近接する自治体間で競争が生まれるようにもなりますから。

山崎　もう一つ、ソーラーシェアリングというものがあって、農地、畑や田んぼの上にソーラーパネルを設置する技術、営農しながら発電も行う、エネルギー兼業農家が可能になります。発電もできるし、農業も元気になる。

落合　陽が当たりすぎるのは生育によくなくて、ソーラーパネルを置くほうが逆にいいっていう作物もあるそうです。もともとあった農作のレベルアップにもつながります。

森田　そういったメリットを、我々は国民に伝えきれていない。見出しに出るのは、ほぼ「原発反対！」だけ。いつものように、ただ反対しているだけと見られてしまう。

山崎　私はたしかに原発を止めたい派です。でもその理由の第一は、経済的な合理性なんです。もちろん安全や環境面の問題もありますが、いろいろ計算をしてみると、原発は儲からない。他に選択肢がないなら別だけど、再エネで賄えることがわかったし、原発よりも儲かるんだから。

落合　私もまさにそっちの観点ですね。原発に関しても、私自身も否定的ですけど、さっき言ったみたいに、再エネのビジネスチャンスをこの10年で大きく逃しました。日本がトップランナーで走っていたのを一気に抜かされましたからね。

山崎　再エネを推進することで社会が大きく変わる、分散型ネットワーク社会につながります。そこが立憲民主党の真骨頂です。大型発電所をどんどんつくって、中央集権的独占的なビジネスと社会をつくってきたのは自民党ですから。

エネルギーデモクラシーって言葉があります。民主的でみんながハッピーなエネルギー社会ができて、それがベースになって福祉だとか、農業だとかが活性化して、地域が元気になる。

落合　地方に収入が生まれるわけですよね。

山崎　そもそも毎年17兆円とか、20兆円と言われていますが、石油、石炭やLNG（液化天然ガス）などのエネルギー資源を海外から買っています。

落合　そうした輸入に頼るエネルギーを再エネに切り替えれば、輸入が必要なくなります、そこで浮いたお金は国内に回せます。

立憲の試算のなかで特徴的なのは、再エネの導入と同時に省エネの深掘りを前提としているところ。たとえば最近は二重窓を推奨する住宅メーカーもありますよね。調べてみると、日本の住宅は他の先進国にくらべ暑さ寒さに弱く、エアコンやストーブをがんがん使わなければならないんです。みなさん「光熱費が高くなった」と嘆いておられます。新築物件には二重窓サッシュを標準化・義務化する、既存の住宅についても改修を促進するなど、断熱性能を先進国並みに高めればかなりの省エネになります。

森田　エネルギー問題は環境問題でもあり、エネルギー消費が減ればCO_2も減り、環境がよくなります。それだけではなくて、私たち個人にとってもメリットがあります。移動のとき、車ではなくバスや電車に乗れば、CO_2排出が減るだけでなく、前後は歩くので、健康にも良い。さらに自転車に乗ればＣO_2排出はゼロだし、運動にもなる。環境、エネルギーと言っても、企業まかせで大きな観点で論じるだけではなく、我々一人ひとりが自分のこととして、もっと意識することが大切です。

あと、日本の強みって水と緑だと思うんですよね。江戸時代の日本はどんなエネルギーを使っていたのか。薪とか菜種油とか、あるいは魚の油ですよね。もちろん明治以降は工業化が進み、社会が変わりましたが、日本のまわりにあるもともとの資源にいまこそ注目すべきだと思います。

落合　都会は難しいですが、自然に恵まれた地域はアドバンテージになりますね。環境省もエネルギーの地産地消をと言っていますから。

森田　高度成長期以降、どんどん日本が豊かになって、言い方は悪いですが「ほしいものがあったら買えばいい」と、金に任せてきた。これは食料もおなじで、自前で調達するより「買ってしまえばいい」という姿勢でやってきた。しかし、もし買えなくなったら、売ってもらえなくなったら、国民は飢えるか無理やり奪い取るしかなくなる。先の大戦も日本が中国や東南アジアへ軍隊を送ったことに端を発し、アメリカが日本への経済制裁として石油の輸出を止めたことがトリガーになりましたよね。エネルギー問題は国家の安全保障に直結します。

山崎　コロナ禍もあって広く「時代が変わった」と言われますが、自民党は変わった時代に追いつけていない、むしろ逆行しています。原発だって止めるのが世界の潮流なのに、日本はご都合主義と利権主義で動かそう、増やそうとしている。繰り返しになりますが、いまこそ、再生可能エネルギーをエネルギー政策の中心に据え、地方分権で地方にプラスになるエネルギー転換を実現しなければなりません。気候変動、国際的なエネルギー危機、少子高齢化など、日本の不安を払拭するためにも、これまでの既得権益に縛られない思い切った転換が必要です。日本の未来を描けない自民党の政治では、日本は没落の一途をたどるしかなくなります。

テーマ

科学技術

優秀な研究者の海外流出が続く現実を止めるのは

経産省の発展的解体と産業政策の転換、

そしてビジネス感覚を取り入れた科学技術と教育改革

山崎　誠

×

伊藤俊輔

×

藤岡隆雄

日本の技術が先頭を走っていたのは過去のこと 海外で日本は〝KMK〟と揶揄(やゆ)されている現状を知れ

藤岡隆雄（以下、藤岡） 私は日本の科学技術が、この10年停滞しているということにすごい危機感を持っていて、たまたま科技特（科学技術・イノベーション推進特別委員会）でもいろいろな角度から質問もさせていただきました。たとえば現在、注目度の高い論文数で、日本は韓国にも抜かれてしまいました。ランクで言うと、13位に転落してしまった。

山崎 誠（以下、山崎） 経産省の科学技術やイノベーションなどの産業政策が、まったく機能していません、失敗続きです。

藤岡 日本は研究者を大事にしてこなかったとの指摘があります。安心して、研究が続けられる環境をつくってあげなくちゃいけないですよね。とくにいま、中国への頭脳流出がささやかれます。これは国家的な問題といえます。たとえば、ノーベル賞候補にあがる研究者が中国へ「移籍」したと指摘されます。10年で研究者の雇い止めが起きやすいといえるルールとなり、このような雇い止めにされるかもしれないという不安が大きいなかで、腰を落ち着けて研究に十分に専念できると言えるのでしょうか？

山崎 科学技術と離れるかもしれないけれど、新しい分野、DX（デジタル・トランスフォーメーション）とかGX（グリーン・トランスフォーメーション）とかいう言葉を使って、そこで制度をつくる。基本計画を策定して、ガイドラインをつくって、それにしたがって各企業から提案させて「採用されたものには税制優遇したり補助金与えたりするよ」って企業を誘導する。ステレオタイプでこればっかりです。これって完全にアウトだと私は思っている。とにかく時間のかかり方がもう半端なく、イノベーションの速度についていけない。もう一つ、そもそも経産省には技術やビジネスチャンスを見抜く、いわゆる目利きの力がない。なぜかと言うと、経産省にビジネスを経験した人がほとんどいない。

藤岡　それは問題ですね。あとは、省庁は目先の短期的成果などで判断しがちと感じることもあります。

山崎　だから、私は経産省を発展的に解体して、イノベーションをリードするボード組織のようなものをつくる、ということを考えています。ボードのメンバーにはノーベル賞を受賞した学者や、実際の技術開発の現場や技術経営に明るい、発信力やリーダーシップのある人になってもらう。経産省は情報収集や研究開発の伴走型支援などに徹するようにすべきです。

後は、若い世代、といっても大学生じゃなくもっと早い段階の中高生くらいから技術やイノベーションについての教育や意識づけをはじめることですね。

伊藤俊輔（以下、伊藤）　経営感覚が足りないっていうのは、官僚、政治家、国会……全般に言えることだと思います。実体験もあって、中国のたとえば深圳などＩＴの拠点として急速な経済発展しているようなところに行くと、現地の方は「日本人はＫＭＫだ」と言います。

「来て・見て・帰る」だけだと。日本人はそうやって揶揄される時代になっています。

日本人の研究者や国会議員もですが、視察に行くと、日本の技術は高くて中国の何歩も前を走っていると上から目線で現地に行きますが、そこで中国の技術を目の当たりにするとそのレベルの高さと、産業化、商品化するスピードに驚き、勝負ができずに帰っていくと言うのです。

たしかに基礎研究は日本が大きくリードしていました。間違った商品を世に出さないという信頼もあります。しかし、いまは遅れを取っています。そして先端研究でも同様。原因はいくつかありますが、一番は教育でしょう。大学の教授にしても民間経験者が少ない。なので、民間視点で学生の可能性を見極めて、進むべき方向へ導くことができない。中国は優秀な学生は早々にアメリカへ留学します。アメリカの大学には民間経験者もけっこう多く、この学生はビジネスに向いているとなれば、起業の手伝いをします。なので、大学に居ながらにして起業する人たちが圧倒的に多い。やはり、日本の大学のあり方や、教育機関をどうするかというのが最大の課題だと、僕は考えています。

山崎 海外留学を含め、もう一度しっかり、トップ教育を支援する仕組みを整えるべき。それは科学技術に限らず、多様性を重視して、芸術だったり、スポーツだったり。特別な才能を早い段階で見抜いて、国が徹底してサポートして伸ばすような教育が必要です。

藤岡 まったくその通り。重要です。そもそも大学への運営費交付金も下げられてきてしまった。もう一回研究に打ち込める環境を、ある意味多少の無駄があっても、思う存分研究に打ち込める環境をつくっていったほうがいい。

スタートアップに冷たい日本。政治は大きな方向性を示せ

伊藤　ところで、教育で言えば、ようやく金融・投資を教えるというのがはじまりました。まだ賛否あると思いますが、金融・経済・税制など早くから学ぶべきだと思います。

藤岡　そうですね、金融教育はあっていいですね。

伊藤　というのは、僕は25歳のときに起業しました。国会議員になるまで会社経営をしていましたが、金融・経済・財政などについて、起業する上で必要な知識をほとんど知らなかった。融資の受け方もわからないし、法人の口座すら開設するのが簡単ではなかった。振り返れば教わって来なかったんです。もちろん大学で専門の経済学部などに進めば学べたのでしょうが、もっと早くからビジネスの仕組みや税、株式や投資についての教育がなされれば、起業や投資への、漠然とした不安も少なくなり、ベンチャーも増えてくるのではないでしょうか。

藤岡　まだイメージでは、起業に必要な資金調達は銀行経由が一般的と思われるでしょうが、当然ファンドもあったりします。設備投資や研究開発も、そういう場合の資金調達方法や、その際

の税の仕組み、そういうのは中高生から理解しておくと、早くからベンチャーの志向が生まれるかもしれません。

伊藤　アメリカは（50州のうち）47の州で小学校から金融の授業をして、資産投資とかも教える。主要国も概ねそういった方向性で、イギリスは3歳からお金について学習することができるって言っているし、フランスではビットコインなど暗号資産の授業があると言いますしね。

山崎　教育とは別の分野ですが、日本は、スタートアップに対する支援がほんとうに少ない、足りないですね。

伊藤　中国は、国と民間、みんながバックアップして、ベンチャーが5年で上場するというスピード感でやっています。ただ、いずれ大企業が全部吸収しちゃうという問題はあるんですけどね。

日本は、法人税一つ見ても、大企業が一番税負担率が軽く、中小企業が一番税負担率が重い。さらに、ベンチャーやスタートアップなどの次世代や産業への投資が少ない。本来は、逆ですよね。人材も産業も企業もイノベーションが生まれない。大事なのは大企業も儲かった分、もっと投資と分配が必要で、好循環のシステムが整えば、大きく構造が変わります。

山崎　日本の大企業は転換が遅くて、新しいことや変化に弱いと思う。それを自民党は政策で守ろうとしている。電力会社も自動車会社もね。だから、世界から、時代から置いていかれる。大企業を守るのもある程度は必要でしょうが、私は、新しいイノベーションを起こすようなスタートアップをどんどん応援するべきだと思います。

伊藤　もう少し言うと、モノを売るには品質や価格だけで勝負しても売れません。たとえば韓国は、韓国製のテレビと韓流ドラマと一緒にして攻め込んでくる。しかも、これ、国家戦略なんです。日本は全部単体でモノを世界に送っているから価格競争で負けていく。企業をバックアップしなければならない政治に、経営感覚というかビジネス的な発想がないので、勝負にどんどん負けていく。

山崎　私はなにをやるかを決めるのは政治じゃないと思うんですよね。政治がやってはいけないんじゃないかと思っています。伊藤さんは起業して会社経営してきた経験がありますが、政治家や各省庁の官僚に、会社経営経験者はほとんどいないですよね。そんな評論家的な政治家や官僚がビジネスに口出ししてはいけない。やるのは資金や信用づけ、海外とのコネクションづくりといった、あくまでもバックアップに徹することですよね。

伊藤　基本、僕もそう思っています。違うテーマのところでも言っていますが、政治家が余計なことをやりすぎ、口を出しすぎだと。結局、政治が動けば動くほど、既得権だとかいろんなものが生まれて、民間の競争を阻害したりすることになる。ただ、政治が大きな方向性を示すことは必要ですね。

山崎　最先端を追っかけるのと、こなれた技術を使いこなすっていうのもとても大事です。そういったところから政策的議論ができるようにしたい。あと、第4次産業革命と言われているデジタルは、日本は負けちゃった。だから次のステージを目指して、第5なのか第6なのか、そこにフォーカスしていかないと、無駄な投資を続けることになる気がします。

伊藤　政治が方向性を間違え、複雑に予算をつけるっていう根本的な問題を民間時代からすごく感じていました。たとえば原発かそれ以外かも含めて、政治が原発推進と決める。すると、再エネにはわずかな予算しか回らない。市場の原理から言ったら、どっちの価格が高いのかとか、どっちに投資が集まるのかとか、世界的に見れば圧倒的に答えが出ているのに。

山崎　国家レベルの投資決定をするような組織というか、手法をちゃんと持っていなきゃダメなんじゃないですか。経産省がそれをやっているのが、失敗のもとだと思います。半導体で負けて、再エネでも全部負けて、液晶だって、ＥＶ（電気自動車）も。衰退産業にしがみつくのはやめなければなりません。

伊藤　科学技術は、全部につながっているからテーマが難しいんですけど、エネルギーはもちろん、安全保障の関係、サイバー関係などは科学技術がベースになります。経済安保もこれから大事な観点になりますが、あらゆる産業が衰退しつつある日本は、いま変わらないと、きついですね。

銀行からの貸し出しより、再チャレンジへの投資を。子どもへの未来投資の視点も

伊藤　1989（平成元）年あたりから、起業する数よりも廃業する数が増えました。起業の少子化、ですかね。若い人たちの起業意欲が減っているんです。一つに、もし起業して失敗すると、自己破産のようにすべての財産が取られてしまう、人生がそこで終わってしまうというようなイメージがあります。

藤岡　実際にはそこで終わるわけではないし、何度でもやり直せるんだけど、さまざまな壁があり、最初に起業するときよりもパワーが必要になります。だから、起業するのを怖がる。

伊藤　そこには金融機関の問題もありますが、仮に一度や二度失敗しても再チャレンジできる環境であったり、支援していく仕組みは政治の力でつくることができると思います。

藤岡　貸し出し、金融の話になっちゃうんですけど、やっぱり預金を通じた貸し出しだと、当然ですが返してもらわなきゃいけない。すると、ほんとうはファンド、株式の形がいいとなります。「貯蓄から投資へ」と言われているように、個人の投資を増やし、株式などを通じたお金が起業家のスタートアップの資金の多くになっていてほしいですね。

伊藤　そこがアメリカなど、ベンチャーが多くて、成功例が多い国との違いですね。

藤岡　日本はなかなかそっちに行かないんですよね。未だに銀行経由のお金の流れが多いのではないでしょうか。

伊藤　科学技術方面への投資は、日本はアメリカに比べて相当少ないですね。そこをあらためて問題視しなければなりません。

また、ＡＩやロボット技術の進化で、少なくとも20年後には多くの仕事が失われると予測されていますし、実際そうだろうと実感します。

藤岡　岸田総理の「新しい資本主義」の分配戦略のなかに〝「人への投資」の抜本強化〟があり、創意工夫や新しいアイデアを生み出す「人的資本」への投資を強化するとしていますが、これは〝いま〟の話の枠にとどまっているように感じます。

伊藤　早くから人への投資をしなければですね。

近年、子どもたちからの提言を実際に議会で取り入れている自治体もあります。なにも考えていない大人たちよりも、ずっと的を射た提案もあります。さまざまな分野で子どもたちからの提言を受けるような仕組みをつくって、早くから子どもたちに、国が投資する。

山崎　リスキリングやキャリアアップに助成金を出すのもいいけど、その先の近未来、10年後にイノベーションを起こす子どもたちへの投資の仕組み、プラットフォームをしっかりつくるのがいいよね。

伊藤　こういうのを提案すると、すぐに効果がどれだけあるかを求めがちですが、それは先ほどの話、銀行的な発想。起業する際の資金を銀行に頼ると、銀行は担保を取りますよと。それじゃダメで、投資的な発想が必要です。

どれだけの効果があるかは、しっかりフィードバックして検証すればよくて、子どもを主役にした政策を盛り込むことが、結果はどうであれ、必要なことです。

まずは地方自治体に年間1000万円でも2000万円でもいいんですけど、各自治体に子どもたちからの提言を受けるルールをつくって、大人が子どもたちの意見を聞かざるを得ない構造をちゃんとつくる。もちろん子どもたちから出された提言はちゃんと公開し、実施できる提言は政策として実現させる。そのために予算が必要であれば国が出す。

藤岡　自治体間の競争にもなるかもしれませんし、子どもたちの成功体験をつくっていくことになるかもしれませんね。

山崎　そもそもいまの政治や政策が未来世代にどんな影響を与えるか、未来世代の視点でチェック、検証する「未来世代委員会」という組織をつくろうと提案しています。若い世代の政治参画のプラットフォームを目指しています。子どもたち、未来世代の視点をもっと政治に取り込みたいですね。

テーマ

財政・金融

日本経済の

低迷を招いた財政・金融政策に、

怒れ！ 若者たち

藤岡隆雄

×

篠原 豪

×

桜井 周

物価が上がって賃金が上がらなかった理由を聞くも前日銀総裁は答えられなかった

藤岡隆雄（以下、藤岡） 政治、政策の話から財政・金融は避けられません。しかし、難しい話になりそうなので、まずはわかりやすいところからやりましょう。2023（令和5）年になって、少しは良くなってきましたが、日本は何年も給料が上がらなかった。なぜだったのか。

篠原 豪（以下、篠原） 身近なところで言えば、デフレ経済によってモノの価格競争が激しくなり、物価が下がり続ける状態が続きました。一消費者から見れば、一見モノが安く買えるから、デフレのなにが悪いのか？　となりそうですが、本来なら1000円の値段を付けて売りたいものが、700円でないと売れない。すると、全体の売上が下がるため、企業やメーカーはコストを抑えようとまずは人件費を削減します……。つまりお給料が上がらないどころか下がったことも。そんな状態が長年にわたって続いています。

桜井 周（以下、桜井） 物価上昇と賃金上昇に相関関係があることはたしかです。ただし、日銀の黒田前総裁は「物価を上げれば、賃金も上がっていく」と言っていました。桜井は、「因果関係が逆なんじゃないですか」と再三指摘しました。賃金が上がれば買い物をするようになる、売れ行きが好調で品薄になれば値段も上がります。つまり、賃金が上がれば、結果として物価も上がる。しかし、物価だけが上がって賃金が上がらなければ、生活が厳しくなり、切り詰めて買い物を控える、お店の売れ行きが悪くなれば、店員の給料は上げられません。つまり、物価が上がっても賃金が上がるとは限りません。賃金と物価の因果関係を誤ったままに経済政策を行ってきたことが、経済失政の原因です。

具体的にいうと、2000年以降の小泉内閣の「構造改革」で、派遣労働が工場労働や一般事務に幅広く適用されるようになり、非正規雇用、とくに派遣労働が大きく増えました。派遣労働がこれほど広く認められているのは、世界広しといえど日本くらいです。しかも総じて低賃金。こういう悪しき雇用政策の尻拭いを金融政策でやろうというのがそもそもの間違いだったと考えます。

篠原　そうですね。そもそもの発想が、金融緩和を政府が行う→そして円が安くなる→すると株価が上がる→企業収益が増収になる→そこでまず賃金に反映されて賃金が上がる→となれば消費が増大して景気がよくなる、というもの。ところが、この流れが目詰まりして、うまくいかなかった。私もそれは桜井さんが言っているとおりだと思います。

藤岡　黒田前総裁はたしかに物価だけが上がって賃金が上がらないのは考えられないとハッキリ講演でもおっしゃっていて、桜井さんが予算委員会で質問をして、それ因果関係が逆なんじゃないですかと言っても、黒田前総裁から納得のいく答えはなかったですよね。

桜井　失業者が減っているとか、雇用者数が増えているとか、いろんな数字を出して言い訳をされてはいたけれど、真正面からはお答えにならなかったと。

藤岡　桜井さんのおっしゃっていることに加えて、たとえば保育士や介護士など、政府ができるところの賃上げにもっと取り組むべきだと思っているんです。それらすべてを金融緩和だけでやろうというのは偏っていて、課題を残したと思うんですけれども。日本銀行総裁が新しく植田和男総裁になりましたが、我々は総裁が代わった新たな日銀の金融政策に期待してもいいのか、また、期待してはいけないところがあるのか。

桜井　植田新総裁も、いきなりこれまでやってきたことをひっくり返すということは現実的にはできないでしょう。

日本銀行はいま、600兆円弱の国債を持っています。これで金利を上げれば、評価損が発生してしまいます。たとえば2022（令和4）年12月に政策金利を0・25%上げただけで10兆円近くの評価損が出ました。アメリカやヨーロッパは物価上昇を抑えるために政策金利を3%、4%に引き上げています。一方の日銀は政策金利を1%上げればたちまち実質債務超過になってしまいます。ということで、物価が上がっても政策金利を上げられない状況に陥っています。

そもそも、アベノミクスの「異次元の金融緩和」は一度はまってしまうと抜けられなくなる。だから、サスティナブルじゃない、将来行き詰りますよ、と警鐘を鳴らしてきました。ですが、ここまで来てしまいました。これだけ大きくなった問題をどう始末するか。我々は財務金融部門のなかにワーキングチームを設け、多角的に金融政策、財政政策、税制について提言しています。具体的な方策についてはここでは申し上げませんが、難しいなりにもなんとかやりくりする方策について提案しています。

藤岡　日銀の超低金利政策が長期化したことによって、効果よりも副作用が膨らんで、桜井さんが説明してくださったように、日銀の財務に与える影響も非常に大きくなってしまっているという見方ができます。金利を上げたら債務超過になってしまうと言うと、日銀は「債務超過になっても大丈夫なんだ」という趣旨のことを答えられます。しかし、マーケット・市場がどう見るかっていう視点も重要だと思うのです。

篠原　この10年間、ゼロ金利、つまりふつうならお金を借りたら利息がつくのですが、ゼロ金利ということは、借りたお金だけ返せばいいということで、ならばと政府は国債をどんどん発行して予算を捻出し、結果財政支出が増加し続け、異次元の緩和がはじまる直前に７０５兆円だった国債残高が安倍政権で積み上がる一方となり、退陣のときは９４７兆円にまでなっていました。

本来であれば財政赤字の拡大が長期金利の上昇っていう抑制機能を伴うはずなんです。日銀の政策がそれを抑えて、実質の利払いが２０１２（平成24）年度は8兆円だったのが、いま7兆円余りに下がっています。ということもあり、日本の財政状況は世界でも突出して悪いですよね。先進国のなかで最悪です。国債発行残高が１０００兆円超えていて、ＯＥＣＤ（経済協力開発機構）によると、政府の債務残高（令和3年度）がＧＤＰの２５０％なんですよ。ＯＥＣＤの加盟国平均が90％ですから、これがいまの日本の実態。プライマリーバランス（※１）を守っていこうっていう話がどっかいっちゃって、これはどうしたらいいんでしょうかっていうこともまったく議論されていない。そうなってくると日銀の大規模な金融緩和の限界を補うためとして、景気刺激としてさらに財政出動しようみたいな話がありますが、これはよくないですね……。

日本はアジアのなかで裕福な国だったはずが賃金水準も韓国、台湾に追い抜かれてしまった

桜井　いま、日本円で預金していても金利がつかないから、外国株で運用したほうがいいし、あるいはドル預金のほうが金利高いからと、みんなが円預金からドル預金に切り替えるようになったら、どんどん円が売られて、円の価値がどんどん下がります。円が安くなれば輸入品は割高になって、輸入物価のインフレが起きる。で、インフレが起きたら、本来は金利を上げないといけないんだけれども、日本銀行の財務は厳しくて金利を上げられない。そうすると金融市場の人たちは一斉に円を売っちゃえと……。

藤岡　すると、さらに円安が加速しますね。一部、輸出がメインの企業は利益が増えるでしょうが最近は円安でもいろいろな供給制約があり、輸出がかつてのように伸びていかない。

桜井　食料にしてもエネルギーにしても、海外から買っている日本は、円安なら物価は上がって給料は上がらない。どんどん貧しくなっていくという形でツケを払うことになるかもしれない。

日本がデフレ時でも、アメリカの物価はそれなりに上がっていました。物価上昇分だけドルの価値が下がっているはずなんです。それでも為替レートが一定ということはその分、実質的には円の価値も下がっているということです。日本の経済力、我々の所得は世界の水準から見るとどんどん低下しています。実際、先進国はこの20年で3割ほど賃金が上がっていますが、日本は全然上がっていません。韓国は賃金が6割とか7割上がったので、賃金水準で日本は韓国にも抜かれ、台湾にも抜かれというような状況です。日本はアジアで豊かな国ではもはやなくなりました。

藤岡　そこ、重要ですよね。私も安倍政権時のアベノミクスを含めた10年の金融政策を評価するときに、国際比較をすると低迷したという客観的な評価になります。だから、この際しっかり金融政策を検証してもらわなければいけないですし、これから若者たちが成長していくにあたって、日本がこんなに苦しい国になっていると悲観するだけでなく、日本を立て直していかねばならない。

篠原　歴史的円安がどのくらいかというと、為替レートは1971（昭和46）年の水準に戻った。この先、米国の金利が急激に上がると……。

桜井　実質実効為替レート（※2）っていうので見ると、もうニクソンショック前の水準。

篠原　米ドル換算の賃金が、過去10年間で日本は4割減っているんです。日本の賃金が国際的に低くなっているので、海外から優秀な人材が来ないし、日本の優秀な人材は海外に逃げている。そりゃそうですよね。お寿司屋さんの板前さんがワーキングホリデーで海外行ったら年収が日本の何倍にもなる状況です。他にも、板前さんのような技術がなくても、倉庫の管理のアルバイトでも、時給が日本円にすると3200円だと聞きます。

桜井　日本だったら寿司職人もなかなか握らせてもらえないけど、オーストラリアだったらすぐ握らせてもらえて、それで給料が2倍になるという話があります。もちろんオーストラリアの物価は高いから生活費も2倍かかるけど、貯金も2倍になる。日本で暮らしているよりはるかにいいという話になっています。

篠原　新興国との差が急速に縮まっていて、介護とか建設の現場に必要な外国人材の日本離れもはじまっている。

藤岡　日本は選ばれなくなってきているんですよね。

篠原　そうすると、じゃあだれがそれを担当するのか。それは若い方々で、これからどうしていくのかっていうことが密接に関連してきますよね。

藤岡　私も決算行政監視委員会で、円安はプラスなのかってことを聞いたときに、円安は決してプラスではないでしょうし、むしろマイナス面が目立ってきている、と言われました。先ほど桜井さんが話してくださったように輸入物価が上がって、昔のように輸出が増えるような構造になっていないところがある。そして日本は選ばれなくなる。

桜井　基本的には自国通貨は高いほうがいろんなものを安く買えるわけです。資源も買えるし、場合によっては会社だって買えるし、人材だって来てもらえるし、強い自国通貨は国益にかなうはずなんです。

ただ、伝統的にこれまで日本は工業国だったということで、工業製品を輸出するのに為替が切り上がると、輸出企業の収益が厳しくなる。だから、安い通貨に頼ってしまう傾向がありました。そのツケがまわってきているところもあるんです。本来は切り上がった分、より高級な製品をつくって高額で売ればいいのですが、日本では「いいものを安く売る」というのが優良な企業の姿勢のようになってしまっていました。ほんとうの商売は、「良い物は高く売る」ことこそ、腕の見せ所なのですが。

藤岡　ある意味経済構造の質的な改革って言うんですかね、そういうものをもっと進めなくちゃいけなかったのかもしれないですけど、この10年間進んでいなかった。異次元金融緩和の長期化の正否は、今後検証されなければいけないと私も思います。一方、今後の通貨政策も考えていかないといけないとも思っています。

GDP比2%の防衛費の財源は増税？
防衛力の維持は経済力の裏付けがあってこそ

篠原　円安、為替レートで言うと、野村證券が1円の円安ドル高で自動車や化学などの主要企業の経常利益が0・3%伸びると言っている。それだけで言えば、円安によって年間5兆円規模の利益が転がり込む計算となるはずなのです。だけど日本企業は利益を投資より貯蓄にまわす傾向が続いている。だから、民間設備投資と情報化投資も11年と15年で比べると、それぞれ16%の伸びにとどまっている。ところが、海外を見てみるとおなじ4年間でアメリカは設備投資が29%、情報化投資が34%増えているんですよ。１９９０（平成2）年を見てみると、設備投資に占める情報化投資の割合は日米が肩を並べていました。それがいまや日本の18%に対して、アメリカは48%なんです。これが日本が経済成長していかない大きな問題です。

藤岡　大きく後れをとっているんですね。

篠原　日本は輸出で上がった利益を国内で技術開発投資、設備投資に使わない。人件費の抑制も続けて、内部留保でため込んでいるので、成長も阻害されているし、人材投資、円安をさらに助長させているっていう側面もある。

桜井　アメリカはいい道具を揃えて、その分いい仕事をして、だから給料も上がるっていう好循環ができている。

篠原　あとね、みなさん円安だと、たとえば「大手自動車会社が儲かる」と思っている。ところが、実際そうなっていない。これまでは円安なら円建ての売上高で利益を増やせたのですが、さらなる円安で原価が高騰し、その分を販売価格に転換できなくなった。この大手企業は２０２３（令和5）年の3月期、円安で営業利益を1兆円強押し上げると見込んでいたところ、仕入れ先からの購入価格が1兆６５００億円になり、結局６５００億円マイナスになると。つまり、輸出でも円安のメリットがなくなってきて、むしろダメージになるケースも出てきています。

藤岡　昔と違って、円安で潤うと言い切れない状況が出てきているというのはいろんな方面で聞いていました。円安が進んで、輸入物価が上昇して国内物価が大変なときに、本来であれば金融政策をどうするんだっていうふうな議論になるはずなんですが。

桜井　そんななかで、防衛費を倍増する。

藤岡　防衛は必要だし重要ですが。

桜井　中国は経済が大きく成長し、防衛費も大幅に増加しました。日本は経済成長がないなかで、はたして防衛費を倍増して経済が持ちこたえられるのか。

篠原　経済力を無視して防衛力を維持することはできないと思います。政府は防衛費を今後5年間で従来の1・5倍の43兆円にするとしました。2027年には、防衛費はGDP比2％になります。これらの財源確保のために増税という話があります。

そもそも防衛費がGDP比2％の国はNATO加盟国31か国中7か国です。アメリカを除くと主要国は英国だけで、ドイツで1・49％、イタリアが1・51％にとどまっているので、ウクライナ危機の影響があるにせよ、財政事情などを考慮しながら達成時期を決めていくのが本来のあり方というのを示唆しているのではないかと思いますね。

経済成長を促進し、みんなが豊かになる税制に改めれば消費減税でも税収が増える

藤岡　財政で言えば、国民がいちばん関心のある消費税について。財源の話になると消費税に頼る傾向が顕著です。我が党は消費税の時限的な5％減税を謳っていますが、私は賛成です。

篠原　税金の原則は〝応能負担〟です。

桜井　払える人に納めていただく、稼いでおられる方に払っていただく、ということです。

篠原　応能負担の原則で考えれば、消費税というのは広く浅く、国民どんな方からもおなじ税率で税金を徴収する仕組みです。この30年間で、約400兆円の消費税をいただいています。ところが、一方では〝優遇税制〟で、超大企業や超お金持ちが支払うべき、つまり応能の税金を60 0兆円優遇しています。ということは、超大企業、超お金持ちの方々に30年前の税制に戻して納めていただければ、消費税0％でも、国の税収は増えるわけです。これは重要なことです。国民のみなさんはこの事実をあまり知らないし、知れば黙ってられない。

桜井　消費税を導入して以降、所得税の最高税率を切り下げて、法人税も下げてという政策を続けて来て、結局は消費税で増えた分を大企業などの税優遇に使っているというか……。

篠原　消費増税分の約1・5倍優遇措置してるとも言われています。

桜井　しかも、優遇された分は設備投資にも雇用にも消費にも使わない。これでは景気が良くな

るはずがない。法人税と所得税を根本から見直さなければなりません。

加えて言いたいのは社会保険料です。これ、社会保険「税」と言わず「料」としていて、強制徴収される税金です。まあ税か料というのはさておき、問題はここでもお金持ち優遇というか、年収1500万円の方も1億円の方も、保険料はおなじです。保険料には上限があるからです。ヨーロッパにも社会保険料のようなものがある国がありますが、所得が増えれば保険料も増えます。日本のように応能負担の原則から離れた、人頭税的な社会保険料もまた、低所得者の大きな負担になっています。他にも専業主婦世帯の税控除なども。

篠原　もう一つ、日本には2000兆円の家計金融資産があると言われています。その3分の2を60歳以上の方が保有していることも付け加えておきます。そして、こうした税制を敷き、課税の公平性を損なったまま放置してきた政府の政策のツケを、次の世代が負担していくことになる。これでは少子化も止まらず、労働生産性も上がらない。自公政権は解決する気がないし、改めようとしているようには見えません。

桜井　自民党に任せているとじり貧になることは明らかになっています。だからこそ我々が責任をもって、かつての日本の輝きを取り戻していきたいと思っている。もちろんその具体的な政策を我々は持っています。

藤岡　金融政策は多方面にわたり、難しい話になってしまいますが、できるだけわかりやすく、この前の新しい金融政策のワーキングチームでも発表しておりますが、今後、どういうふうに軌道修正していくかということも丁寧に打ち出しています。

篠原　我々は現行の税制や財政、金融政策の逆をやっていこうという話をしている。消費税も減税し、大企業やお金持ちを税優遇するのをやめ、既得権や、古く効率悪い仕組みを改める。成長を阻害する制度や要素を一掃していかなければいけません。

藤岡　我々で若者が希望を持てる社会、時代をかならずつくりたいですね。

※1　プライマリーバランス
社会保障や公共事業をはじめ、さまざまな行政サービスを提供するための経費（政策的経費）を、税収などで賄えているかどうかを示す指標。

※2　実質実効為替レート
名目実効為替レートは、特定の2通貨間の為替レートを見ているだけではとらえられない、総合的な為替レートの変動を見るための指標。対象となるすべての通貨と日本円との間の2通貨間為替レートを、貿易額などで測った相対的な重要度でウエイトづけして集計・算出する。実質実効為替レートは、さらに、対象となる国・地域の物価動向も加味して算出される。

テーマ

新しい資本主義

バーチャル世界のGDPがリアルを追い抜く近未来!?
DXならぬJX(ジャパン・トランスフォーメーション)で
デジタル分野への投資を積極的に行う

落合貴之

×

井坂信彦

×

中谷一馬

アベノミクスで広がった格差を埋めるため まずは地方、地域で経済をまわす仕組みを

落合貴之（以下、落合）　岸田総理が新しい資本主義って言ったのは、遠回しにアベノミクスの批判だと思う。アベノミクスは時代に合わない古い経済政策だったので、成功しなかった。これを改めようという。時代が変わっているから、経済政策も新しくしようと。

賃金について。アベノミクスがはじまったのが２０１２（平成24）年の年末からですけど、そこからコロナの前までに、物価より賃金のほうが下回っています。それに、世帯消費も民主党政権時代よりも下がっていると。だから家計を見たら、ぜんぜん史上最高、戦後最高の経済って状況ではないんですよね。

井坂信彦（以下、井坂）　10年間、賃金が上がっていない。

落合　ですね。で、貯蓄について。民主党政権最後の年とアベノミクス全盛期を比べると、貯蓄ゼロ世帯の割合が跳ね上がっていて、たとえば20代の貯蓄ゼロ世帯の割合は、２０１２年の39％から２０１７年には61％になっているんですよね。収入が増える見込みの少ない60代も貯蓄ゼロが４割近くに急増しました。格差は確実に広がったと思います。

一方、企業の経常利益は25年前と比べて3倍に増えています。ところが、売上は25年間でほとんど増えていない。なぜかと言うと、人件費と設備投資を節約したので、売上が増えなくても利

益が上がったと。こういう経済の中長期的な成長力を削ぐような、間違った経済政策にさらに力を入れて10年も続けた結果がこれだ、と岸田総理は言いたかったのではないか。

井坂　そこを踏まえながら、私から口火を切ります。大局的な話ではありませんが、地域の経済圏をつくって、ちゃんとお金とサービスと物をまわす、その割合を増やすということを、もっと政策的に進めるべきだと考えています。

落合　グローバルに稼ぐ方向から、足下で商売したほうがいいのでは、ということ?

井坂　そうです。複数の自治体が集まった経済圏だけで使える地域通貨を、公的に発行してもいいのではないかと思うくらい。

落合　僕の地元の世田谷区って人口が90万人以上です。そこで〝せたがやＰａｙ〟という電子マネーをつくりました。これ、世田谷区の地域通貨のようなもので、スーパーとかでも使えるんですけど、個人商店で買い物するとより多くのポイントがつくという仕組みにもなっています。二十何万人が登録して、それなりに軌道に乗っているんですよね。

井坂　地方のお金が都心部に吸い上げられたり、海外にお金が流出したりしすぎています。もっと地域のなかでお金を回して、地域の人の所得に反映させる、それだけで経済はだいぶ良くなると思います。

落合　それにはまず、地方自治体が頑張ることと、あと、通貨を区切るというのが重要かもしれないですよね。

井坂　通貨を区切るのも、数年前までなら発想もできなかったことですけど、いまは電子マネーや仮想通貨でできちゃいます。

落合　ヨーロッパで統一通貨のユーロができたときに、賃金が安いところから高いところに人が一斉に流れていっちゃって、それで問題になりました。イギリスがEUを離脱したのもそういうことからですよね。低賃金の人たちが国境越えてどんどん入ってきちゃう。

ユーロという単一通貨をつくったことで起こった弊害で、円という通貨の中でも物の価値が違うのにおなじ通貨を使っているという問題はあると思うので、地方は地方の通貨を使うことで、一つの歯止めにはなると思いますね。

井坂　そういうことをやっていくと、ある地域でこれだけ物が売れているけど、それをつくっている業者が地域内にないという、供給不足も見えてくるんですね。よく見たらこれ全部東京から買っているとか。だったら、地域内でつくったほうがいいじゃないかといったチャンスも生まれてくるかもしれない。

落合　そうなると、地域内での新たな雇用も生まれる。

井坂　そうです。新しい産業という大きな意味ではなくて、たまたまその地域になかったけど、ほんとうは地域の人が必要としていた産業っていうのが見えてくるので。

落合　地方によっては首都圏などよりもガソリン代も払い、灯油代も払っていたりします。それは東京の業者が輸入したのを、地方に住んでいる人たちがお金を払って購入しているということ。

ならば、地方はどんどん再エネを進めて、地元でエネルギーを確保できれば、生活のために必要なコストも、地元で賄えます。そうなると、地方の人たちはほかのことにお金が使えるわけですよ。都会よりも地方のほうが生活が豊かになる。いままで化石燃料に使っていた分を地方の何かを買うっていう経済の循環ができれば、それだけで雇用が生まれます。

井坂　地方から流出するお金を減らす。極端な話、それ以外に何も変えなくても、地域の中でおなじ１００のお金がずっとまわり続けたら、地方の経済にとって効果はある。

最低賃金の引き上げから雇用の流動性とセーフティネットを

落合　中谷さんは産業政策というか、デジタルの分野に強い。そういう背景から、これまで、そしてこの先の経済をどう見ているのか。

中谷一馬（以下、中谷）　テクノロジー、デジタル、スタートアップ……そういった部分に関して起業、経営に携わっていた経験があります。そこをベースに話すなら、やることは実はシンプルで、何をすればいいのかというのはわかっているんです。

短期的には、格差が開きすぎてしまっているので、経済的に困っている人たちにちゃんと給付が行き届く環境をつくったり、税負担の軽減を個人に対して行う。これらを実行することで消費を拡大させ、経済成長につなげる。シンプルな話ではあるんです。

経済学には〝合成の誤謬（ごびゅう）〟という言葉がありまして、経営者の視点で考えると、利潤を増やすために安い賃金で労働者を雇うことで経営が成り立ちます。しかし、みんながそれをやってしまうと、労働者全体の賃金が下がり、消費が停滞します。消費が停滞すると、企業に収益が入らなくなり、投資ができなくなるので、付加価値を上げることができず、みんなが緩やかに貧乏になってしまう。アベノミクスの負の側面がまさにそういう状況をつくってしまったと思っています。

落合　そこに中谷さんが必要だと考えていることは。

中谷　適切な分配をするのが必要ですし、労働政策的に言えば最低賃金を上げていくこと。時給を最低で一人あたり１５００円くらいまでに上げていくことを２０３０年までに実現しなかったら、諸外国とさらに差がでます。最近、テレビを見ていてすごく驚いた出来事があったんですけど、ニューヨークの労働者がデモをしている映像のテロップが、「最低賃金18ドル（２２００円）なんかじゃ食べていけない」だったんです。衝撃を受けました。

落合　２０３０年に１５００円じゃ遅いですよね。

中谷　そうですね。遅すぎますね。ただ韓国のように2年で29％の最低賃金の引き上げという極端な政策ですと経済、雇用への悪影響も大きく、経済界からの反発が強くなると思いますが、バランスをとって、中小企業のことも考えながらやっていくことが必要です。

現実的な政策としては、シンプルに5年で日本国民の平均年収を100万円上げる経済政策を実行したいと考えています。現在の平均年収が443・3万円。これを年平均4％の賃上げを行えば、539・3万円となり、96万円の増加になります。これに加えて、最低賃金を1500円にしたときの全労働者の平均年収の増加額は約24・8万円となりますので、本来的には目指していける数字だと思っています。

あと、雇用の流動性ですよね。これまではメンバーシップ型の雇用で、とにかく新卒一括採用で、スキルが定まっていない人材を採用して、会社のなかで育てることをしていました。ただ、ほんとうはこのスキルがある人はこの会社に行って、このスキルがあるからこういう企業に属するというジョブ型の就職・就業のあり方にしっかり直すことができれば全体として効率的です。

また雇用の流動化に対して、しっかりと備えられるようなセーフティネット整備もあわせて必要になると考えています。

落合　自分のスキルが発揮できる場所に転職して、給料が下がったら辛いですからね。

中谷　欧米の転職事情を見ていると、転職によってキャリアアップをして給料が上がっていく事例が多くあります。

日本も見習って、リセット型の転職からキャリアアップ型の転職市場の形成を目指し、流動性とセーフティネットのバランスを取りながら、ちゃんと適正にみんなが働くべき環境下で働くことができる整備を行うことが重要だと思います。連合の神津里季生元会長も、望ましい姿は、しっかりとしたセーフティネットがあって、流動性も高い雇用のあり方だと述べています。

落合　つまり、労働組合も流動性に反対しているわけじゃないということなんですね。

中谷　そうです。もう一つ、中期的にはデジタルの話ですね。

井坂　そこは避けて通れない。

中谷　いま、まさに生成AIが台頭してきまして、現在の日本の実質成長率が平均で0・8％ですが、AIが実質稼働すると2・7％くらいまで上がるという試算があります。あとはメタバースとブロックチェーンなどのWeb3的な成長産業が存在します。

世界のGDPが全部合わせると1京円くらい。要するに100兆米ドルくらいの総生産があるんですけど、これも20年後くらいには、バーチャル世界のGDPがリアル世界のGDPを追い抜く時代が来るんじゃないかと言われています。それ以外にもロボット、IoT、自動運転車、ドローンなど挙げればきりがないんですけど、こういうところに対する投資をしっかりと行うこと。DX（デジタル・トランスフォーメーション）というよりも、むしろJXを目指すという感じですよね。ジャパン・トランスフォーメーションを進めることが必要になってくるんじゃないかと。

落合　DじゃなくてJ。日本を変身させる。

中谷　そうです。なので、成長産業の育成やスタートアップへの投資も必要です。

落合　結局、世界で賃金が上がっているのに、なぜか日本だけ上がってない。鶏と卵なんですけど、成長してないから賃金が上がらないと言うんですけど、賃金を上げる政策を進めないといけないですね。

中谷　理想は「生産性の向上→賃金の上昇→物価の上昇」ですが、残念ながら物価から上がってしまったので、仕方がないから逆説的に「物価の上昇→賃金の上昇→生産性の向上」を行うしかありません。

日本が強かった製造業も未来のスタンダードを読み違えた

落合　もう一点、重要な視点があります。賃金が上がらないのは、労働者を無限に獲得できてきちゃったからということもあると思うんですよ。

中谷　つまり、外国人労働者。

落合　実は、たとえば2015年の数字を見ても、すでに先進国で4番目くらいの数の実質的な移民を海外から入れているんですよね。

井坂　しかも、彼らの賃金はものすごく安い。

落合　そうですね。さらに派遣労働の仕組みもそうですし、もう一つは生産拠点の海外移転っていうのをこの30年間やってきました。最近は円安で止まってきていますけど、あれは海外に住んでいる労働者を、自社の社員として雇用するという発想なので、要は無限に人を雇えるってことを前提に経営してきました。だから日本人の賃金が上がらなかったと。

井坂　そこに対し、政治がやらなければならないこと、どう考えましょうか。大きな課題であることは確かですが、時間をかけてもいられない。

落合　これは劇薬になりますが、低賃金労働者の流入を止める。生産拠点の海外移転もある程度セーブして、外国人労働者も低賃金じゃなくて、日本人とおなじ条件でしっかりと受け入れるようにするっていうことをやる。そうすれば賃金は上がっていくと思うんですよね。

でも、生産年齢人口が減少しているので、人が足りない業界が出てくる。一方、ＡＩを導入すると雇用がなくなるっていう意見もあるわけですよ。だから労働者が足りなくなるというのと、ＡＩの導入で労働者が余るというのであれば、ＡＩを導入しながら、低賃金の外国人労働者の流入とか生産移転を止めれば、ちょうどマクロの数字はよくなるわけですよね。

中谷　そういう意味で言うと、テクノロジーの進化っていうのは、理想を突き詰めれば、人類が労働することなく、自動的にあらゆる物の生産とサービスの提供がなされる社会が実現されるという可能性につながります。

こんな発想で、本来的にはみんなに恩恵をもたらすべきものであるはずなんですけど、いまの新自由主義視点で進みすぎてしまうと、一部の株主や経営者などがその利益を総取りしちゃって、労働者に全然分配されなくなる懸念があります。みんなが豊かにならずに、一部のテクノロジーに触れられる権力者、株主、経営者だけが強くなってしまう。それじゃダメですよね。

井坂　それこそニューヨークのデモのように、労働者が決起しますね。

中谷　産業革命時代の機械の打ち壊し運動みたいになっちゃうんで。

井坂　そうならないように、テクノロジーが進化した場合の収入を得る正しい方法はどうなのでしょう。

中谷　もともと週5日働いて、たとえば30万円の給料を得られていたものが、テクノロジー導入で週3日でよくなったとしたら、給料をそのまま5分の3にするのではなく、減った週2日分の1日分は企業側と株主側が取り、もう1日分は給与として労働者に還元する。もしくは週休3日にして、1日休みを増やすとか。

労働者への還元の仕組みを、短期的にも中期的にも考えていかなければいけない。それでもテクノロジーの進化は止まらないので、もっともっと自動化しちゃった時代というのは、人間じゃなくていい仕事、人間じゃなきゃいけない仕事というのが明確に分かれていくことになります。そうなってくると、ベーシックインカム的な議論っていうのは当然出てきますよね。

落合　仕事、労働という定義も変わってしまう可能性もありますが、楽天的に考えれば、テクノロジーを上手く使うことで、少子化で労働人口が減少する問題も解決できますよね。

もう一つの重要な視点は、先ほどの経営者が利益をすべて取って、労働者に分配されない可能性もあるという話。将来的な大きな問題だと私も思います。

郵 便 は が き

お手数ですが、
切手を
おはりください。

1 5 1 0 0 5 1

東京都渋谷区千駄ヶ谷 4-9-7

（株）幻 冬 舎

書籍編集部宛

ご住所 〒 都・道 府・県	
	フリガナ お名前
メール	
インターネットでも回答を受け付けております https://www.gentosha.co.jp/e/	

裏面のご感想を広告等、書籍の PR に使わせていただく場合がございます。

幻冬舎より、著者に関する新しいお知らせ・小社および関連会社、広告主からのご案内を送付することがあります。不要の場合は右の欄にレ印をご記入ください。

不要 □

本書をお買い上げいただき、誠にありがとうございました。
質問にお答えいただけたら幸いです。

◎ご購入いただいた本のタイトルをご記入ください。

『　　　　　　　　　　　　　　　　　　　　　　　　』

★著者へのメッセージ、または本書のご感想をお書きください。

●本書をお求めになった動機は？

①著者が好きだから　②タイトルにひかれて　③テーマにひかれて
④カバーにひかれて　⑤帯のコピーにひかれて　⑥新聞で見て
⑦インターネットで知って　⑧売れてるから／話題だから
⑨役に立ちそうだから

生年月日　西暦　　年　　月　　日（　　歳）男・女				
ご職業	①学生	②教員・研究職	③公務員	④農林漁業
	⑤専門・技術職	⑥自由業	⑦自営業	⑧会社役員
	⑨会社員	⑩専業主夫・主婦	⑪パート・アルバイト	
	⑫無職	⑬その他（　　　　　　）		

ご記入いただきました個人情報については、許可なく他の目的で使用することはありません。ご協力ありがとうございました。

そもそも2000年代前半に会社法が変わって、利益の配分の仕方や議決の仕方なんかを法律で定めていて、会社は経営者のものでも従業員のものでもなく、株主のものだってハッキリ書いちゃったんですよ。それもまた変えていくべきですよね。

中谷　未来のスタンダードを想像し、10年後はこうなるだろうから、そこに対する規制はこうで、イノベーションはこうだってことをバランスよくやらなきゃいけない。まさに10年後の常識を創る作業が政治家や経営者には求められています。

落合　日本が強かった製造業も未来のスタンダードを読み違えたわけですよね。いま足りないもの、たとえば半導体メーカーだって足りないですよね。それがあれば伸びていたはずで。あと、蓄電池もそうですし、太陽光パネルもそうですし、実は全部日本が世界一だったんですよね。でもそこに対して投資してこなかったから、どんどん中国や韓国の企業に負けてしまった。それは大企業の経営者が間違えたわけですよ。

中谷　ロシアがウクライナに侵攻したことで、サプライチェーンが大きく崩れました。グローバルマーケットに依存しすぎることは残念ながら間違いだったとみんな気づいて、諸外国が安全保障上の肝となる産業については、成長している国ほど、いままでオフショアでやっていたものを、リショアに戻している流れがあります。

経済安全保障の議論で出ていましたが、日本もその時代の流れに反応していかなきゃいけないですし、日本国内でやっておかなければいけないことはなにかをしっかりと見定めた上で、それに対して集中的な投資をしていかなければならないと思います。

落合　国も企業も、もう間違えられないですね。

中谷　短期的・中期的な政策のことを話しましたが、長期的な視点も重要です。人材育成と少子化対策は国家を挙げて絶対しなくちゃいけない。子どもがいない国や地域に未来を感じることは難しいし、そこに対する出産・子育て・教育の強力な後押しを、ＯＥＣＤのトップレベルまで上げていかないといけません。

井坂　資本主義ってお金のことだけじゃなく、人的資本をどれだけ増やしたかも評価すべきだし、環境資本をどれだけ削ったかっていうのもおなじくらい評価しないといけない。

落合　そういうのがお金の価値とおなじくらい評価され、価値がつくくらい。

井坂　おそらく経済システムのデザイン次第。人的資本をおろそかにして、お金だけを貯めた企業がいい企業のように見られるのはおかしいし。

落合　それも2年前は岸田さんは言っていたんですけどね。

PART 2
社会のあり方改革

少子高齢化社会、ジェンダーレス時代における
医療・社会保障・女性政策など、
待ったなしの危機と解決の施策がここにある！

テーマ

医療制度改革

かかりつけ医が制度化されれば、

予防医療が実現され、医療費の適正化にもつながり、

日本は世界一幸せな健康長寿社会になる

中島克仁

×

落合貴之

×

井坂信彦

「かかりつけ医に相談してください」と言うけれど、そもそも〝かかりつけ医〟ってなに？　だれ？　どこ？

落合貴之（以下、落合）　前からかかりつけ医の話は聞いていて、重要だと思っていましたが、コロナ禍のときに少し発熱して病院で診てもらおうとしたら、いきなり「かかりつけ医を通してください」と言われたことがありました。

かかりつけ医と言われても、そもそも10年に1回くらいしかクリニック、お医者さんに行かないので、「あれっ、私のかかりつけ医ってだれ？」となってしまったのです。

中島克仁（以下、中島）　かかりつけ医らしき人がいる、という人はいますよね。たとえば40歳を超えて、健診を受ける度にひっかかって、その度に二次健診に行ってくださいって言われて、毎度おなじ病院に行くとおなじお医者さんが診てくれる。かかりつけ医、って言われると「たぶんあの先生かな」と思い浮かべます。

落合　なるほど。しかし、「たぶん……あの先生……」という感じですよね。正式にと言うか、お互いに医師と患者として契約したわけでもない。

中島　ところが、新型コロナワクチン接種時に、厚生労働省や政府は、不安なことがあればかかりつけ医に相談するようにと言う。そこで、かかりつけ医だと思っていたお医者さんに「私、ファイザーのワクチンでええんじゃろうか？」と相談したら「そんなの私にはわからない。私はあんたの〝かかりつけ医〟じゃないから」と。

井坂信彦（以下、井坂）　かかりつけ医に対する認識や意識の違いによるトラブルが起こった。

落合　結局、かかりつけ医がなんなのか、だれなのか、どこにいるのか、まだわからない。

中島　そもそも我が国には〝かかりつけ医〟の定義がない。政府は、さんざん「かかりつけ医に相談を」とアナウンスしながら、かかりつけ医がいったいどこにいるのやら、何人いるのやらわからないまま。で、アナウンスを聞いた国民のみなさんが自分のかかりつけ医を求めて右往左往して、問題が浮き彫りになった。

落合　ものすごく簡単にかかりつけ医を定義していただくなら……。

中島　これまでのお医者さんは〝病気〟を中心に診ていました。病状を診て、なんの病気だからどんな治療をするか、どんな薬を出すか。それに対してかかりつけ医は、〝患者さん自身〟を診る。つまり、Aさんという方がいて、Aさんが病気でなくても、日ごろから様子も診るんです。

井坂　コロナ禍は、これまで気づかなかった、あるいは深刻に考えなかったいろいろな制度や仕組みの不具合を浮き彫りにしました。たとえば、マスクが市場からなくなって、ほとんどが海外で製造されていたことに気づくとか。

　かかりつけ医っていう存在はずいぶん前から言われてきましたが、あまり実感がなく、コロナ禍に唐突に出てきたような印象になりました。

落合　コロナがなかったら僕も気づかなかったと思う。そもそも、中島さんはずっと前からかかりつけ医の制度を提唱しておられていました。中島さんは実際にドクター（医師）でもあるので、明確な理由があったと思いますが。

中島　医学部を卒業し、外科医となり、東京の大学病院から、自分の生まれ育った地域（山梨県）の病院に移ったのですが、見渡せば周りはみんな知り合いなわけ。すると、なんでもかんでも相談される。病院はハードルが高いけど、昔からよく知ってる中島だから、「おれ、最近食欲ないんだけど」なんてところから、とにかく、直接会ってても電話でもなんでも、いつでもどこでも相談されるようになった。

井坂　私だって、もし同級生にドクターがいたら、病院に行く前に、まず相談しますね。

中島　わかるんだけどね。でも、実際にそうして相談に乗っていて、日常的な人間関係のなかでいつも向き合うことになると、病院での問診やレントゲンではわからないところが見えてくる。

井坂　つまり、日ごろの状態を知っていると些細な違和感や異変に気づくことができるし、加えて、その人の病歴からさまざまなデータが集まっていて、この先どんな病気になる可能性があるかがわかってくるということですね。

中島　そう。たとえば友人が「最近眠れないんだよ」と相談してきます。彼はどういう仕事をしていて、夫婦関係がどうだとか、日常的に相談を受けていれば、単純に睡眠導入剤を出すのがいいのか、なにか病気の兆候で違うアプローチが必要なのかと診断できる。ただ薬を増やしていくような治療にならないことに気がついた。

落合　患者の生活環境まで把握しているから、一時的ではない、その人に合ったより良い治療法を提案できるわけですね。

井坂　そもそも、病気になってはじめて医師にかかり、その時の症状だけを診て薬を出す医療が、かかりつけ医制度によって変わる。

落合　一人の患者さんの食生活や生活習慣から、将来かかりそうな病気も予測がつくし、大きい病気が進行する前にその兆候に気づけるかもしれない。

医療はいつからか〝医業〟になり、サービス業同様、患者が多いほど「儲かる」システムに

中島　アルツハイマー型とか脳血管障害によるものとかいろんな種類がある認知症などは、早く見つける、そして進行を遅らせるということが大事です。

井坂　ふつうは「なんだかおかしいな」となって、はじめて病院へ連れていったほうがいいかなと考えます。それでは遅いということですか。

中島　もちろん程度もいろいろあって一概に言えませんが、病院へ行ったときには重症の手前というケースが多いようです。というのも、家族は認めたくないし、「おじいちゃん、最近おかし

いから、病院へ行こうか」なんて、なかなか言えません。

しかし、かかりつけ医なら「最近ちょっと表情がおかしい」とか「話し方が前と違う」とか、些細な異変を見逃さないでしょう。だから、躊躇なく「ちょっと検査しましょうね」と言って、専門医なり、より高度な治療ができる病院につなげられます。

落合　年に1回かかるかどうかのお医者さんと患者の関係では無理でしょうね。

井坂　専門医でなくても、日ごろから患者に向き合っていれば、専門外のことでもちょっとした変化に気づき、病気の兆候もわかるんですね。

落合　ここまで中島さんに教わってきたかかりつけ医を、私なりにわかりやすく説明するなら……たまたま昨日髪を切りに美容院へ行ったのですが、そこで担当してくださったスタイリストさんが言っていました。床屋さんでも美容院でも、はじめてのお客さんだと髪質や好みのスタイル、日ごろどんな整髪料を使ってセットしているのかわからないので、施術前にカウンセリングしても失敗することがあるって。

中島　美容院、理容の話だけど、それこそがまさに現在日本の医療制度、フリーアクセス（患者が自由に診療先を選べる制度）そのものですね。欧米では保険会社が指定する医療機関で受診することに決まっていたり、行政が指定した医療機関にまず行かなければならないところもあります。もし指定以外の医療機関で診察や治療を受けた場合、医療費が高額になるとか。

井坂　フリーアクセスも国民皆保険の下、制度としてはよいと思いますが、医療もある意味サービス業的になりますね。

中島　サービス業と言われましたが、かかりつけ医制度が必要だと思ったもう一つの理由は、医療が〝医業〟になってしまうことへの懸念からです。

病院やクリニックも一般的な接客業と同様で、患者さんが多ければ多いほど下世話な言葉を使えば〝儲かる〟わけです。実際に病院の勤務医をしていると、外来では半日で30人を診なさいと言われます。診察時間は一人だいたい2、3分ですね。それだけの数をこなすと、「頑張りましたね」と褒められ「デキる先生だ」と言われる。

かかりつけ医の診療費はスマホとおなじ定額制が理想的

落合　そう言えば、我々の子どものころは、往診、訪問診療もありました。コロナ禍で外来診療を断られた重症患者さん宅を訪問するシーンも見られましたが、いまは、患者が医療機関に行くのが通常で、往診してもらうことはかなり少ないですよね。それは厚労省などの意向、方針でそうなったのでしょうか。

中島　厚労省の意向ではないと思いますが、落合さんの質問はけっこう本質的な話です。いま診療報酬は点数制で、往診すると点数が加算されるから、「ちょっと儲かりそうだな」と思った医師は往診します。

井坂　つまり、先ほどの〝医業〟になった。

中島　むかしから〝医は仁術〟って言われてきました。しかし、いまでは医は〝算術〟になっているんです。専門的で縦割りの医療になってしまったのも一つの理由かもしれないけど、総合性、継続性、そして責任性がどんどん薄れてきてしまった結果、かつては当たり前だった往診も、行き帰りの移動時間含めて1時間かかるとした場合、クリニックなら10人の患者を診られる。そっちのほうが得だとなってしまった。

井坂　厚労省の指針では在宅医療、とくに過疎地では、「在宅医療、往診をしっかりやりましょう」とはなっているんですが、〝加算〟つまり追加ボーナスを出して、なんとか行ってもらっている状況です。

落合　それって、正直お医者さんの問題なんでしょうか。政治や行政の問題ではなく？

井坂　そこはやっぱり制度の問題だと思いますよ。

中島　少子高齢化で社会保障費が急増し、ちょうど私たちが初当選した2012（平成24）年の8月、社会保障のための財源として消費税を5％から8％に上げることになりました。私は医療現場にいましたが、現場ではせっせと患者さんを集めていたんですよ、儲けるために。つまり、社会保障費のなかの医療費を増大させていた。

井坂　やはり制度の問題でしたね。

中島　心ある医師も少なくないですが、〝医は仁術〟と考えてはいても、制度が見合っていなければどうしようもありません。

落合　だから制度を変える必要があるのですね。

かかりつけ医制度のモデルになるようなものってどこかにあるんでしょうか？

中島　代表的なのはイギリスです。しかし「イギリスのＧＰ（General Practitioner／家庭医制度）なんか日本になじまない」「そんなのはダメだ」と与党議員が否定する。

落合　イギリスの家庭医制度、つまりかかりつけ医ですが、機能しているわけですよね。

中島　イギリスのＧＰ制度ができたのは半世紀以上前です。さすがに日本の国民皆保険制度の下のフリーアクセスと同様、制度疲労を起こしていて、課題がたくさん出てきています。

井坂　どんな制度でも、時代の変遷とともに合わなくなってくるところが出てくるのは当たり前のことで、だからこそ、中島さんは現行の医療制度を変えようとしている。

中島　２０００年代に入って、フランス、オランダ、ドイツなんかも高齢化が進み、かかりつけ医をなんとか基盤に据えていこうという制度に変わってきています。プライマリーケア（日常から健康管理・相談を行い、病気になったときには初期診療から総合的な医療を提供する仕組み）をベースにして、初期診療から継続して総合的に診る部分は包括報酬となります。スマホで言えば定額かけ放題ですね。患者さんは初期的・総合的に診てもらうところはかかり放題という仕組みなんです。私たちが提案しているのはまさにそれ。

落合　私が中島さんにかかりつけ医になってもらった場合、一定の医療費で日ごろから健康観察をしてもらったり、病気にならないようアドバイスも受けられる。

中島　そう。もし落合さんが病気になって何度も通院して、さらに具合が悪くなって入院するようになると、かかりつけ医の私には損になる。だから、落合さんには健康でいてもらいたいわけ。

いまの出来高払い制度だと、患者さんが来たら来ただけ医者のほうが報酬をもらえる仕組み。だから、極論、これを言うとまた医師会から怒られるんだろうけど、予防なんかして患者さんが減っちゃったら、食いっぱぐれるのは私らだって言う。

落合　かならずしも食いっぱぐれることにはならないでしょう。病気になったらかかりつけ医の紹介する医院などへ行って治療するし、骨折してもそう。その場合には別に治療費などを支払うわけですよね。病気にならないようにするというのは、高齢化社会にマッチし、社会保障費が適正化するのは間違いなく、医師の働き方改革にもなる。

中島　この内容の法案（日本版家庭医制度法案）は2年前に出したのですが、衆議院が解散して廃案に。昨年、コロナかかりつけ医制度っていうものを議員立法として出し、これらが呼び水にもなって、ようやく政府が「全世代型社会保障構築法案」で、かかりつけ医の制度を整備することとなり、一歩進んだかなと思ったんですが、患者が事前にかかりつけ医を登録できること、そして登録された医者がかかりつけ医として適合すれば認定するという大事なところが抜け落ちているので、再度議員立法で他党の方も巻き込んで政府に示していきたいと思っています。

落合　それが順調にいけば何年後くらいにかかりつけ医制度が実現できるんでしょうか。

中島　これは政治の決断次第だと思います。というのは「課題が多い、慎重に進めなければいけない」と政府与党がずっと繰り返していた出産費用の保険適用が、異次元の少子化対策で突如検討・実施する方向に変わりました。だから政府に働きかけ続けます。ただし、政治的にいちばん大事なポイントは、現在の政府与党のバックに、かかりつけ医の制度化に反対する日本医師会がいるというところですね。毎年多額の献金もしています。

井坂　やっぱり政権交代しなければなりませんね。他の先進国がふつうにやっていることができないままになります。

ガソリンスタンドで、公民館で、移動販売車で健康観察するコミュニティナースを制度化したい

井坂　私は厚労部会でも委員会でも、ずっと「予防が大事だ」と言っているのですが、予防政策は進まない。防衛だって災害だって、なにかあったときのために備えると言うのは難しい。

落合　しかし、医療というか健康という目で見れば、世の中のニーズはありますよね。スポーツ

ジムに通っている人たちも、ある意味予防していると言えます。

井坂 当然ですが、みんな自腹で鍛えている。ところが不摂生で無精で病気になった人と鍛えている人とで医療費は変わらないし、どちらにも手厚い税金の補助があります。

落合 健康より病気のほうがいいと思っている人はいないわけですから。

井坂 そこから関連する話として、予防や健康観察、健康指導は、国がぐずぐずしている間に、看護師さんや保健師さんがコミュニティナースっていう新しいスタイルで、地域の人たちと関わっています。これはまさに〝かかりつけ医の看護師、保健師版〟のような感じですね。保健師さんは役所に、看護師さんは病院にいて、コミュニティナースは地域の、たとえばガソリンスタンドで働きながら来る人を毎日見るとか。

落合 なるほど、ユニークですばらしい制度ですね。

井坂 いや、残念ながら制度はまだありません。自分たちでこういう役割が必要だ、そのためにはこういう能力が必要だ、で、実際それをやるためには地域でこういう関わり方があるっていうことをどんどん実践しているんです。

実際に行われている先のガソリンスタンドの例で言うと、スタンドの従業員として働きながら、ガソリンを入れにきた高齢者に「どうですか、どこか具合の悪いところはない?」といったやりとりをして、場合によっては「一度病院へ行こうよ。病院に連絡するから」とか。また、移動販売車で集落を回って食料品などを売りながら、馴染みのお客さんの顔が見えなかったら「○○さんどうしたの？」と聞いてみたりして、健康を観察したり。かかりつけ医制度とコミュニティナースが合わされば、地域の医療は確実に変わります。

落合　コミュニティナースには看護師のライセンスが必要ということになってくるわけですよね。

井坂　もちろん看護師や保健師が中心になっていますが、一般の方でもコミュニティナース活動をやりはじめている人もいます。法律上の医療行為をやらなければ問題はありません。ただ、健康のためのアドバイスをして、その行為の対価としてお金をもらうとなるとグレーになりますが。

落合　お年寄りが集まるところにコミュニティナースが一人いてもいいですね。

井坂　あるいは、高齢者が集まるイベントをコミュニティナースの方が主催して、定期的に健康体操講座みたいなのをやるというのもありですね。自治体が協力すればいい。

落合　医者がいない地域も増えています。

中島　医療資源は、看護師で言えば医者の何倍もいますし、ＯＢでスキルのある看護師さんなどの協力を得て、医師のいない地域にちゃんと配置できれば、地域医療の問題も少しは解決できる。看護師さんでなくても薬剤師さんだって健康観察や日常的な指導ならできます。そこで、これはちょっとと思ったら医療につなぐ、そういうことがちゃんとできれば。

落合　日本の新しいスタイルになりますね。

中島　でもね、これまでの経験で言えば、そこに看護協会とかの団体が壁になる。なぜかっていうと「看護師はちゃんと資格をもった人間で、これこれこういう場所で仕事をするものなんです」と言って、どんなにすばらしい制度でも制度化には反対するでしょう。かかりつけ医のベースにあるのはやっぱり〝予防〟なんです。

落合　うちの妻の実家も病院に行くのに、片道40キロほど車を走らせていく。でも、お年寄りの集まる場はいっぱいあるんですよ。たとえば公民館とか。お医者さんでなくてもちょっとアドバイスしてくれる人がそこにいればいいですね。

中島　私も25キロ先のお宅に往診に行ってたことがあって、何度か行っているうちに「毎週水曜にヤブ医者くるらしいぞ」って、そのお宅にご近所から高齢者が集まってきちゃう。それで、膝が痛いとか、腕が上がらないとか……でも、すげなくするわけにもいかないから診るんだけど。時々「俺、なにやってるんだろうな」って思いながらも、こういうのって医者の原点じゃないかと。

井坂　大事な活動です。だからこそ、それがちゃんとお医者さんの収入にならなければ。さらに話を広げると、さっき床屋さんの話がありましたが、実は床屋さんがかかりつけ医のような役割をはたしているところもあります。私の行っている床屋さんなんか、お客さんの健康状態から生活状態までよく見て知っているし、健康だけでなく、変な勧誘などで契約をしないように床屋さんがアドバイスしたり。またいまは個人情報うんぬんありますが、一人の個人の生活環境から経歴まで全部知っている人が、かかりつけ医、コミュニティナース、床屋さんなど、重層的にいる社会をつくっていければ健康も安全も守られる社会になると思います。そのために必要な制度設計をして、法案を整えなければなりません。

中島　予防医療はそもそも医療なのかというところになりますが、表面的には診療報酬が払われるのが医療、払われないのは医療じゃないとされている。しかし、井坂さんのお話を聞けば、予防的なものは医者じゃなくてもできる。新たなカテゴリーになりますね。

落合　経済も完全にそれで、大量生産、大量消費が一番儲かるのですが、だれが働いてもおなじ仕事をすることになり、賃金の低下を生みました。回転ずしではロボットが寿司を握っている。床屋さんも10分で1000円になると、高度な技術はいらないし、お客とのコミュニケーションも少なくなります。つまり、だれが医者でだれが患者でもいいような仕組みになってしまっている。ただ、救いもあって、ネットの発達やSNSで個人とつながれるようになって、能力とかサービスにお金を乗っけることが可能になりつつあります。

井坂　効率性ばかり追求した経済や仕組みが結果的に社会全体を蝕んでいるというのは、たしかにありますね。そこでネットやSNSといった新たな仕組みを取り入れることが大事になります。

中島　患者の普段の状態を知っているかかりつけ医はオンライン診療を基本にできる。顔も声も知らなかった患者をいきなりオンラインで診るのはなかなか厳しいです。顔色が悪いかどうかも普段知っていることは重要。オンライン診療なら外来で2時間の受診待ちがなくなります。これが日本の新しい医療の風景となるように変えていければ。

落合　デジタルを使った顔の見える社会っていうのは間違いじゃないですね。

中島　デジタルツールを使えば厚労省がいう「医療圏」（※）は関係なくなる。たとえば、東京のお医者さんが四国の患者さんのかかりつけ医になる、これが可能なんです。実際に、このコロナ禍で実現していました。四国のある県に医者が足りないから、東京のファストドクターがその県と契約して、コロナ禍に限ってという前提でオンラインで患者さんの健康観察をしました。実際にできることが、ある意味証明された。

井坂　そこにマイナンバーカードと保険証の紐づけが役立つ？

中島　党内にはいろいろ意見がありますが、私はマイナンバーカードと健康保険証を紐づけしていいと思います。できない理由を並べるより、もっと上手くできることを考えたほうがいい。

※医療圏
一次から三次まで設定されており、一次医療圏は日常生活に密着した保健医療が受けられる範囲で、概ね市町村単位を保健医療提供区域としている。二次医療圏は疾病予防から入院治療までの一般的な保健医療を提供する区域で、隣接する複数の市町村が保健医療提供圏となる。三次医療圏は専門的技術を必要とする医療対応圏で、基本は都道府県単位（北海道は６つ）となっている。

テーマ

社会保障

若者・女性・お一人さまは、
老後の年金が大変なことになる

井坂信彦

×

中島克仁

×

高松さとし

子どもや孫がいる前提の年金制度は限界。人口構成に合わせた仕組みに変えなければ

井坂信彦（以下、井坂） 社会保障というと、最初に出てくるのが年金問題。高齢の方にとって切実な問題で、不安と心配しかない。しかし、これが実は高齢者だけの問題ではなくなっている。若い世代、女性、そしていわゆる〝お一人さま〟こそ、年金問題を真剣に考える必要があるんです。

中島克仁（以下、中島） 若者、単身女性、独身者が増え、生涯未婚率が上がっていて、たしかにお一人さまが多いのを実感します。人生でいちばん脂の乗り切った30代、40代が漠然とした不安を抱え続けて、結果一人でいるというのが相当大きな問題だと思う。

我が党、立憲民主党は高齢者の年金問題には積極的に光を当てようという政策は打ち出すけど、もっとど真ん中、むしろどーんと若者層、お一人さまが将来かならず直面する問題に向けた政策を打つべきなんじゃないか。

井坂 おっしゃるとおり。まず、年金が毎年減り続ける仕組みがもうはじまっていて、若い世代はやがて基礎年金が現在より3割低い水準になります。いまの制度だと現在の若者たちが老後を迎えたときの基礎年金は月4万円まで下がるということです。制度は続くけど、生活はまったく成り立たない年金制度になって、若い人、とくに単身者や女性は、老後生きていけなくなります

ね。だから、年金問題はベテラン議員に任せるのではなく、我々以下の世代が自分たちの問題として変えていかなければなりません。

中島　そもそもその世代は政治に関心がない、だから選挙でもその世代の投票率がなかなか上がらない。そこも問題ですよね。

政治家はどうしても目の前の票がほしいから、投票してくれる有権者、つまり年齢の高い世代にウケる政策を並べてみせる。若者たちからすると、関係ないようなものばかり。結局「私たちにはなにもしてくれないんだ」となるんですね。これでは投票率もどんどん下がるだけ。政治に関心のない層に向けた政策を、たとえば、子ども政策でもジェンダーでも、彼らだって気になっている不安や心配に応える政策を出すこと。

井坂　結婚したくてもできない、しないと決めている方も含め、一生結婚しないという男性が28％になっている。さらに、結婚しても子どもを持たない、あるいは持てない方、一生子どもがいない男性は38％なんですね。そうなると、子どもや孫がいる前提での年金制度は、世の中の半分強くらいのところに向けた政策にしかならない。

高松さとし（以下、高松）　そうですね。その他の単身者は40～50歳くらいまでは一生懸命働けても、60～65歳で定年になって、一人で年金だけで暮らしていくのは金銭面でも精神的にも、また体力的な衰えを考えれば、物理的にも無理です。

井坂　そうなんですよ。単身女性の老後の貧困率は51％になるという予測が出ています。普通に頑張って暮らしていても、半分以上の人が生活保護水準以下の生活になるという見込みになっているんですよ。こういう数字が出ていながら、政府や厚労省はまったく他人事で、手を打とうとすらしない。

我々はいま、基礎年金額を増やそうと一生懸命やっています。プラス単身者向けの住宅政策・社会保障や経済労働政策についても、すでに議論をはじめています。

高松　私の地元にフードバンクという活動があるんですけど、お米をもらいに単身の女性が来るっていうんです。また、新宿区の公園などはほぼ配給に近いようなこともやっているのですが、そういうところにも普通に若い人も来ます。これが現実で、これは政治の責任です。

中島　難しいのは、結婚に関して言うと、経済的な理由で結婚できないっていうこともあるんだけども、そこはわかりやすく言うために政治家らしからぬ言い方になるけど、「金で解決できる」かもしれない。一方、自らの意志で単身を選ぶ人もいらっしゃる。自らの意志で非正規雇用を選ぶ人についてもおなじようなことを言われているけど、自ら単身を選ぶ人の社会保障をどうするのか。

井坂　とくに、就職氷河期世代って言われた現在の30～50代の方は、ある意味政治からも見放されてきた。この方々に対する社会保障をいまからでも考えるのは、政治の責任ですよね。

高松　私は地方議員を経験しましたが、現在の高齢者の方たちのなかで年金が少ない人は生活保護に流れちゃうんですよ。そういうのを目の当たりにすると、基礎年金を手厚くするべきだと思います。そうすれば生活保護も減るでしょうから。

中島　一方、「年金なんてどうせもらえねえんだから、払わないよ」という人が増えている。

高松　私、いまでも小学校中学校の同窓会のまとめ役みたいなことをやっているんですけど、そこで聞くとだいたい3分の1は払ってないです。

中島　人生100年って言ってもだれも喜べないじゃないですか。単純な損得ではありませんが、100年生きたら得しますよっていう発想になれるような社会保障の制度を選択肢として示せれば、「よし、健康に気をつけて頑張るか」となるのでは。現状を見る限り、なんかね、みんな辛いイメージなんだよね。

井坂　長生きが苦行になってはいけませんよね。

中島　ほんとうはね、明るい人生100年なら、80歳になったらこれしようとか、そのために病気にならないように健康で100歳まで生きよう、そしてよく健康で頑張りましたね、だからこんないいことがありますって見えるようなね、制度設計ができればいい。いまの社会制度は国民の修行だよね。

井坂　そんななか、ようやく、中身は別にして、異次元の少子化対策がはじまります。一方、まったく視点の違うところから、「いっそ人口8000万人の日本でいいじゃないか。コンパクトな国になるじゃないか」といった考え方もあって、そこの議論は党内でもしています。たしかに、人口8000万人の国の良さもあるんです。ところが問題はそこじゃなくて、人口が減り続ける社会がいいですか、人口が一定数保たれる社会がいいですか、というところなんです。人口減少が8000万人で止まってくれるならいいけど。

中島 結局、また8000万人になったところで慌てふためくことになりますね。

井坂 8000万人でも、あるいは6000万人でも、そこから人口が減少しないという状況になれば、人口に合わせた社会インフラや仕組み、政治ができて、いまより良い国や社会はつくれます。

高松 そして、現状ではやがて8000万人になります、確実に。

中島 これは脅しでもなんでもなく、現実になる。

井坂 我々は人口8000万人の国が嫌だ、ダメだと言っているわけではなくて、人口がどんどん減り続けている現状に対して、会心の一手が打てないいまの状況を、とにかくすぐに変えなきゃいけないと言っているんです。

75歳から全員に一律の年金が支払われる新たな発想のベーシックインカム案は実現可能

井坂 私はベーシックインカムがいずれ必要になる政策だと考えています。

中島　そこは詳しく説明を聞きたい。

井坂　いまの日本はなんでも社会保険方式で、掛け金を払った人しかもらえないという仕組み。これはフェアなようでいて、掛け金を払ってない人は、最後には生活保護というセーフティネットで救うようになっているので、掛け金を払ってきた人との不公平感が出てくる。だから、保険料なしで全員におなじだけの金額を給付する、ベーシックインカムという政策に、最後は行きつくと思っています。

そんなのできっこないという声がまだ多いですが、私の考えるベーシックインカムは、実現可能なピンポイントの部分的なベーシックインカムなんです。

中島　ピンポイント、部分的というのはどこなんでしょう。

井坂　たとえば、生まれてから死ぬまで政府が全国民に現金を給付する「ユニバーサル・ベーシックインカム」は、毎年120兆円ほど必要になるので不可能でしょう。だけど、たとえば75歳以降だけのベーシックインカムや、自然災害や感染症が落ち着くまで毎月10万円ずつ給付しますという緊急ベーシックインカム、あとは、人生の転機に自由なタイミングで使えるベーシックインカムなど、期間を絞ったうえでのベーシックインカムなら財源的にいけるんじゃないかと。

中島　〝期間的ベーシックインカム〟そんな言葉があるかどうかだけど、一定期間だけ一定の方々に給付するのはありです。

井坂　私が党内でつくったのは、75歳以降は全員に全額、税財源で月8万円の基礎年金を確保しましょうというプラン。追加で毎年10兆円ほどの予算が必要になりますが、もしお亡くなりになった後にこれまで受け取った年金額を超える資産が残っていれば、そこから一部回収させていただくといった新しい財源の確保まで含め、かなり細かく計算をして出しています。もちろん「死んだ後のお金まで取られるのか」と言った声はあります。１００％バラ色の話ではありません。そこはちゃんとお話しししています。

高松　とにかく、先々の不安や心配を消すことが必要です。そこに75歳以降に支給されるベーシックインカムは有効ですね。

井坂　もう一つは、人生の転機の好きなタイミングで5年分のベーシックインカムをもらえますよと。たとえば、転職や起業を考えたときに、ベーシックインカム5年のうち先に2年はここで使うとか。使い方は自由だから、学び直しでも親の介護でも使えます。１００年生きるうちの5年分をどこかで誰かが使うとなると、試算では年5兆円くらいでできるので、十分に現実的です。何よりも、人生のデザインができるじゃないですか。

中島　もちろん高齢者への手当ては必要だけど、一方では、元気な高齢者も多く、社会とのつながりを考えて、動ける間は仕事をしたいと言う方も多い。ところが、いざ働こうと思っても仕事がない。

井坂　おっしゃるとおりで、居場所＝場づくり、仕事＝働き場所を国がちゃんと保障する。これも大きな社会保障です。社会保障の話になると、立憲民主党は未だ旧社会党的に見られているところもありますが、完全に新しい社会保障を軸に据えた未来型の政党として政権交代できればいいなと思っています。

高松　高齢者の仕事で言えば、65歳を超えると「ああ、シルバー人材センターか」っていう話になっちゃうので、そうではなくて、農業でもいいですし、交通見守りのようなパブリックが担うべき仕事、ボランティアに任せているところに予算をつけて、高齢者に相応の報酬が得られる仕事をしていただく制度があれば、ご高齢の方も働いてみようってなります。

中島　私は医師として地域を見ていますが、高齢者のなかに看護師の資格を持った方が多くおられる。高齢者の医療費も問題として上がるところ、私は〝かかりつけ医〟を制度化しようと動いていますが、これは予防医療でもあり、いろんな地域にまんべんなく看護師さんを配置できれば、地域の高齢者の健康観察ができ、病気予防につながるでしょう。事実、資格を持った方が高齢になって仕方なく現場を離れていたところに、ここに来てほしいと頼りにすると「私は救急医療でうん十年やってたのよ」と、元々元気だったのがさらに元気になられる。

高松　そういう意味では、小学校中学校でもいま現場で人が足りてないので、そういうところでもご高齢の方にどんどん働いていただける場があっていいと思いますし。

　それぞれの地域にはいろいろな資格や経験を持った高齢者の方々がいます。そうした方々を一律に高齢者と一括りにするのではなく、スペシャリストとして地域が力を借りる。もちろん健康面や体力的に厳しい方には手厚くしながら。

中島　この話、私は事務局長だったのですけど、昨年も党内の社会保障調査会で激論になりました。

井坂　激論の末に、ベーシックインカム年金が党の公約になりかけたんだけど、あと一歩のところで「もう少し議論が必要ですね」ってなっちゃった。

中島　党内はもちろんだけど、年金や社会保障に限らず、選択肢を国民のみなさんに示すというのは我々の大事な使命。

高松　我々は野党だから、目の前の問題で忙しい与党より、もっと未来志向の政策を出さなきゃいけないんですけどね。

中島　どうもね、我々は真面目すぎるのかな。完璧になっていないと世に出せないって言うのがある。だけどいまの話だってね、それは我々だけでできる話ではなく、政府また省庁も巻き込んで進める政策なんだから、最初から完璧な政策を求める必要はなし。

井坂　75歳以上のベーシックインカムはかなり詰めて議論はしてますから、いまの制度から移行できるようなプロセスもちゃんとできているので、やろうとなればできます。ただ、さっきも申し上げたように、けっしてすべてバラ色の話ではなく、遺産相続を受ける側には損する人も出る制度です。だから、当然反対もあるでしょう。しかし、減り続ける現在の年金制度では、若者・女性・お一人さまが老後に生きていけません。だからなんとしても実現したいんです。

自立支援法を改正した障害者総合支援法でより複雑になって混乱する福祉の現場

中島　社会保障でいうと、もう一つ、障がい者への支援をどう広げるか。障害者自立支援法が改正され、障害者総合支援法になりました。本来は社会保障で、障がいのある方が、必要なときに手厚い教育支援とか財政支援を受けて、ちょっと言い方に語弊があるかもしれないんですけど、障がいがあっても納税者になってもらうという政策だったと思うんですね。北欧なんてみんなそういう考え方ですよ。なのに、障害者福祉までもが高齢化対策、医療制度改革とおなじカテゴリーに入っちゃって、社会保障全般のところで逆利用された感があります。で、障がいの程度によって、介護保険とおなじ仕組みになっちゃった。介護保険だって散々払わされて、いざというときになって施設に入れない。民間だとこれ、詐欺じゃない？

井坂　障害者福祉の話で言えば、障がい者には障がいの種類や程度に応じ、必要なものが国からの補助で手に入るっていうのが基本じゃないですか。たとえばその親御さんや家族の所得が多かろうが少なかろうが関係ないですよね。ところが、一定以上の収入の人は補助もなし。

中島　さらに言うと、日本は障がいに細かく等級を設けている。ヨーロッパはシンプルですよ。障がいがあるかないかだけ。そして社会に活動の場ができている。それなのに日本はそこに収入の上限をもたせたり、障がいの等級で福祉の内容が異なる。どうしてなんでも複雑で使い勝手の悪い制度にしてしまうのか。障がい者への福祉に文句を言う日本人なんて悲しい。

高松　等級認定ってちょっと馬鹿げています。海外の人になぜそうなのか、説明できませんね。

中島　障がいがあれば、そこにちゃんと手当てをして社会活動できるように循環していく。これは経済政策でもあると思うんだけど、一割の障がい者を健常者が手当てしてあげているという〝上から目線〟なのが我が国の障害者福祉政策だと思うんですよね。

井坂　たとえば、障がい児には電動車椅子の費用をほぼ全額補助する制度があるのに、親の収入が一定以上だと一円も補助金がもらえず、中古の安いのを探すしかない。「貧しい人に、してあげる」という発想で、所得による分断。子育てもね、子どもがいればおなじ政策をやってあげたらいいのに、親の収入で分けるから。

中島　なんかね、その観点が違うというかね。障害者自立支援法ができたときに相当な議論がありました。その後、障害者総合支援法に改正され、より複雑な制度になってしまった。これでは社会で活動できるはずの障がい者の方々の活躍の機会が損なわれます。ハッキリ言うと、自民党、財務省、厚労省、そして我々を含めた政治家が悪いということ。

テーマ

増子化社会

だれもが子どもを産み、育てたくなる、

あたたかい『増子化社会』づくりに必要な

モノ・コト・政治

伊藤俊輔

×

中谷一馬

×

塩村あやか

各党にはびこる古い価値観の先輩たちとのなかなか埋まらないジェネレーションギャップ

中谷一馬（以下、中谷） 話の取っ掛かりとして……ご存じかもしれませんが、いま、こんな言葉があります。〝結婚は贅沢品。子どもは嗜好品〟。どうしてこんな言葉が生まれる社会になったのでしょう。

塩村あやか（以下、塩村） なにかにつけ、お金がかかる。「産んだらなんとかなる」って、たしかになんとかなるのかもしれないけれども、たとえば非正規でしか働けない方たちの子どもと、裕福な家庭の子どもとの間には、教育をはじめとした基本的な生活で〝差〟ができることを最初から意識させられてしまっている。すると、一般的な生活者はそもそも子どもを産み育てるというモチベーションがなくなる。子どもは嗜好品でもかなり贅沢な嗜好品とも言われている。高所得世帯でなければ、贅沢な嗜好品なんて持てないという意見が出る現状を政治家として否定できない。

ただ、最近は国会でも子育て支援などの質問や議論がされるようになってきたのは、少し進歩したかなという気がしています。

伊藤俊輔（以下、伊藤） 我々は切実な世代ですね。少子高齢化社会を実感しているし、世の中の格差も実際に経験もしている。

中谷　格差が広がってからは、結婚している人としていない人で雇用形態や収入に顕著な差が出るようになり、晩婚化・未婚化が進んでいます。私が妻と結婚したのが35歳で、36歳のときに妻が長女を出産しました。振り返れば、20代のころは自分が望んだ状況だったけど、ほんとうに馬車馬のように働いていました。仕事にやりがいや楽しさを見出していたので、当時は家庭や子どものことなどプライベートを充実させる余裕がなかった。そのあたりを考えると年齢を重ね、必然的に生活資金や人間としてのゆとりや寛容さが身について、ようやく自分自身が親として子どもを迎えられる状況が整ったかなぁという状態だった。いま小さな子ども2人の子育てをしていますが、そういう意味では親として受け入れる準備ができていたので、よかったなと個人的には思っています。ただ晩婚化・未婚化が進んでいる大きな要因は明らかに経済的な不安でしょう。

塩村　男性は36歳とか40歳とか45歳で仕事が安定して、余裕ができて、結婚して、子どもを家族に迎えることができると思うけど、その年齢では女性は難しい。その点ほんとうにやりきれない思いが私のなかにはある。だから、いまのお話って、男性的な視点だよなって思う。女性からすると、経済的に余裕ができ、人間的な成長やゆとりを実感するまで待っていると、いざというときには、肉体的に生殖能力的にも限界を過ぎてしまっているということもあるんです。ほんとうは「産めたのに、産めなくなっていた」っていうこともありますから。この問題は日本の一つの病巣です。

伊藤　私は40歳のときに35歳の相手と結婚しました。晩婚の理由はまさに、2回の選挙に落選して生活、収入が不安定であったことと、相手方の仕事やキャリアとの選択というオーソドックスだけどいちばん重たい問題もあったから。女性は、子どもの出産と仕事のキャリアで悩まれる方も多く、出産後に仕事復帰が難しく、母親になると収入が6割減となる現実。世界的にもマザーフッドペナルティ（母親になることの罰）と言われる少子化の大きな課題。この問題をどう解決するかという話は重要です。ドイツの出生率は、やっぱり女性の早期社会復帰と、男性の育休、この2つの政策がいちばん大きく、2016（平成28）年には1・59に回復しています。

塩村　子どもの政策で言えば、出生率が上がったフランスでは、婚外子にも子どもとしてのおなじ権利を認めるということをやりました。日本はようやく婚外子も法律的に、相続的には同様ということにはなってきたけれども、やっぱり結婚してから子どもを持つっていう社会通念が強くて社会はまだ変わり切っていない。その社会通念というか、古い伝統というのか、私は選択的夫婦別姓を支持しているので結婚に踏み切れない。

私の同級生に、珍しい苗字だからどうしてもお墓を守るとか、苗字を守るっていう観点で、結婚する際に姓をどうするかで揉めた人がいるわけですよ。そんなことで結婚が遅れたり、破談になったりすることもあって、結果、年齢的にも子どもを持つことができない。子どもを持つ選択肢をもうちょっと広げていくことがすごく必要と思いますよね。

中谷　私、4年前に育休を取ったんですけど、当時のメインの論調は、男性の政治家が、育休なんてとんでもないというものでした。党内ですら、「国民の理解を得られない」と合意を得るのが難しかった。街頭でも「政治家が子育てで休むの?」みたいな雰囲気があったりしましたね。さすがにいまはもうなくなりましたが。

それと、塩村さんが言った婚外子の話もそうなんですけど、フランスのPACS(民事連帯契約。同性・異性を問わず、共同生活を営もうとするカップルを対象とする契約)みたいな多様なパートナーシップ制度は一考に値します。デンマークやフランスなどでは婚外子割合が2017年時点で5割を超えています。先進国では伝統的な家族主義が強い国ほど出生率が低く、多様な家族を認める国ほど出生率が高い傾向です。以前超党派の若手議員でテレビで議論をしたときにも、日本でもどんどんやったらいいんじゃないのという論調で前向きに話が合いました。そこで感じたことは、これって党派性というよりも、ジェネレーションギャップの話だよなと。国会のなかでも古い価値観を持った先輩方にはなかなか理解されにくいと思いました。

塩村　ジェネレーションギャップについては辛い記憶があります。私は不妊治療をしていたんだけど、会議や議会のスケジュールは避けて、治療をしていたあるとき、薬を打つタイミングに、急に深夜国会になった。後で聞くと、スケジュールは事前にわかっていたらしいのだけれど、なぜ教えてくれなかったのかと聞いたら、確定していなかったので、ヒラ議員には教えられないと。隣の部屋に呼ばれて、国会議員が不妊治療なんてとんでもないみたいなことを延々30分、すごいキツい言葉でつるし上げられて、もう泣くしかなかったですね。

男性議員が多い少ない、女性議員が多い少ないって話じゃなくて、なんなんだろうって悩んでたら、女性の地方議員の先輩が「それは、実はジェネレーションギャップなんだよ」って言われて、ああなるほどって腹に落ちて。

中谷　そうだと思います。完全にジェネレーションギャップだと思います。最近すごく感じることが多いです。各党の若手のだれに聞いてもみんなおなじようなことで悩んでいるんですよね。たとえばインターネット投票とかデジタルに関することはジェネレーションギャップを強烈に感じますし、まさに不妊治療や男性の育休とか新しい概念をなにか用いようとしたときは各党、どの党に話を聞いても、若手は先輩たちが抵抗していると感じています。社会の移り変わりでコペルニクス的転回が起こるタイミングで、いつも先輩たちとのせめぎ合いになるわけですよね。

妊活から子育て、教育まで一気通貫の予算を基本にした政策を

塩村　ちょうど昨日だったのですが、末冨芳（日本大学文理学部教育学科教授。専門は教育行政学、教育財政学）先生と夕食をご一緒しました。そこで先生は「日本は教育に予算を取らないと、保護者の負担が重いものになり、世界からかけ離れていく」と。

中谷　私たち若手政治家がよくぶつけられる質問として「あなた明日、総理大臣になったらなに

しますか」とか、「あなたが総理になったら最初にする政策はなんですか」と聞かれることがあります。私は「子ども一人当たり最大1000万円給付します」と答えています。月4万3860円を0～18歳の19年間で分割給付すれば現実的に可能です。それくらいの経済的負担を国がちゃんと持ちますと意思表示すれば、国民が安心して子どもを出産し、育児ができる国という雰囲気が醸成されるということを常に言っています。

伊藤　そう言うと、かならず「そんなことはできっこない」という声が上がります。

中谷　実はこれ、経済合理性の観点からも理に適っているんです。国民一人が生涯で支払う国税・地方税・社会保険料の総額は1億円程度になります。これは人が生まれてこなければ、見込むことのできない税収あるいは社会保険料収入であり、持続可能な社会につながりますので、1000万円の給付は費用対効果が高く、むしろ大幅な利益が見込める長期的な投資になります。

想像してほしいんですが、10年後、いまのままの政策を続けて債務残高が1400兆円になったけど、経済成長率が1%にも満たず、出生率も下がり続けて1・0以下になりそうな国と、これから教育や子育て予算に10兆円ずつ10年投資をして、債務残高が1500兆円になったけど、経済成長率が2、3%に上がって、出生率が1・6まで改善する見込みがある国。どちらに投資をしたいかと言えば、明らかに後者でしょう。私たちからこうした提言を積極的に行い、未来をつくっていかなきゃいけないんじゃないかと思います。

塩村　現金を配るか、ベーシックサービス（※）にするかっていう議論はあるにせよ、予算を教育や子育てに割いていないのはそのとおりで、日本の子どもたちはすごく不幸だなって私は思っているんですよね。政治の責任だと私は思う。必要な予算は既に多くの専門家が項目別に計算をしている。教育や子育ての予算をしっかり確保していくのはものすごく重要。

伊藤　経済的理由で子どもを産み控えてしまうことがないように、妊活から出産、保育、子育て、教育まで一気通貫の視点が必要ですが、各省庁間の縦割りによって取り組みが遅れています。さっきジェネレーションの話もあったけど、日本が持っている金融資産を考えても、50代以上で約8割持っていて、20代から40代は、貯蓄なんてなければ、奨学金と住宅費などでほぼゼロっていう状況だから。

中谷　出産・教育の無償化のようなベーシックサービスも極めて重要になります。出産の無償化は、無痛分娩まで含めても約5000億円。教育の無償化は、幼児教育・保育の完全無償化に約1兆5000億円、これに0〜2歳のすべての子どもの無償化を追加すると約6500億円。そして国公立小学校〜大学の費用を無償化する場合の必要額が約2兆円。合わせて4兆円程度で実現できます。

また子育て世代へも、0〜18歳の子ども全員に月1万5000円（総額3500万円）給付したとしても約3兆5000億円。未来を育む視点では重要です。現在、日本の労働力人口6900万人の内、雇用者6000万人。そのうち非正規雇用者数は2000万人を超えており、平均年収が198万円。月16万5000円の給与では、結婚したり、子どもを産み育てたりすることは難しいので、人権的な見地からも少子化対策としても給付の仕組みは必要だと思います。
　現在は働く環境によっても結婚、出産の割合が変わります。連合の統計を見れば、非正規社員と正社員では、結婚する割合と子どもを産む割合が、倍近く変わるんですよ。正社員が結婚している（配偶者あり）割合は63・6％、子どもがいる割合は57・7％なんですけど、非正規社員になると、結婚している割合が34・1％、子どもがいる割合が33・2％まで下がります。明らかに経済的格差が子どもを産み育てることを阻害していて、社会的に歯止めをかけてしまっている。私たちが政権を取った時には、抜本的に改善する政策をやらなきゃいけないと思いますね。
（参考）非正規雇用で働く女性に関する調査２０２２
https://www.jtuc-rengo.or.jp/info/chousa/data/20220331.pdf?18

塩村　おっしゃるとおり。
　平均収入もそうだけど、教育にかかる費用も大きな問題だと思う。だから、ほんとうに少子化対策、「増子化社会」づくりをするなら、やっぱり予算をしっかりとって、公教育の質を上げて、というところがぜったいに必要。いまはお金持ちほど公教育では足りないということで、塾やいろんな習い事をプラスする。すると、自ずと教育格差が開いちゃう。それなら奨学金があるとおっしゃるけど、奨学金では借金を抱えることになる。こんなことを考えていくと、非正規雇用世帯だけでなく、将来のある若い人たちのなかには、自分の子どもがみじめになるから産まないっていう人も出てくるわけですよね。

教育が大学まで無償化になって、公教育のレベルが高ければ、子どもは教養や知識のほかに、才能を伸ばすこともできる。

伊藤　奨学金はなんとかしなければ。いま、2人に1人が20年間にわたって返済しなければならない借金を抱えて社会に出ることになっている。最近でも友人で、大学院まで出て、奨学金の返済を再度延長したら60歳ぐらいまで返済にかかると嘆いていました。こんなことをやっている国がはずかしい。

中谷　私も専門学校に進学した際、借りた入学金の300万円の返済と卒業までにかかる授業料と生活費を確保しなければならず、授業や研修を受け、国家試験の勉強をしながら、平均して1日16時間程度、月500時間程度を学業に加えて労働に費やすといった生活環境でした。

こうした教育環境が学生にとって良いわけはありませんが、当時の私はがむしゃらにとにかく必死で生きていましたね。ただそれを美談のように語って「自分たちが苦労したから後世も苦労しなさい」では、いつまで経っても世の中は良くならないですし、自分たちが苦労したからこそ、後世には苦労させないように自分たちの世代で問題を改善する必要がありますので、給付型の奨学金を拡充するなど時代をより良いかたちでつなぎたいです。給付型奨学金を拡充し、必要とする全学生に給付したとしても必要額は5000億円程度ですから。

伊藤　〝異次元の〟って言っている少子化対策の中で奨学金問題は先送りされるだけだもんね。

そういう意味ではたしかに〝次元が違う〟なって（苦笑）。

中谷　以前、学生時代からの友人である経済学者の成田悠輔氏（イェール大学助教授）と対談したときに、彼がこんなことを話してくれました。

「ＧＤＰ（国内総生産）でアイデンティティを保ってきた国々が人口オーナス期を迎え、成熟国家としての道を歩む際には、一体どのようなアイデンティティを見出すのか。そしてそのアイデンティティは世界に対してどのような価値や幸福を提供しているのかといったことをステートメントできる新たな尺度が必要」

この問題提起、そのとおりだなと聞いていて「じゃあ価値の再設計をするにはどういう尺度があるんですか」と聞くと保健（平均余命）、教育や所得という人間開発の側面から対象国の平均達成度を測る指標であるＨＤＩ（人間開発指数）や、より良い暮らしに欠かせない「物質的生活環境」「生活の質」及び「持続可能性」に関して算出するＢＬＩ（より良い暮らしの指標）という総合的な指標があることを教えてくれました。この指標が高い国は、国民が幸せでいることができている。その他にも、経済的な価値だけじゃなくて、社会・文化・環境的な価値も含めて、複合的に社会の価値を再定義して、指標に変えたらいいんじゃないかって言う話があり、なるほどなと感じました。

（参考）新たな価値に関する整理図
https://agora-web.jp/archives/2048073.html

少子高齢化を想定して、8000万人の日本を描きながら、対策をなに一つやって来なかった時々の政権

伊藤　子ども関連の政策で言えば、待機児童の解消について幼稚園は文科省で、保育園は厚労省が所管ですが、幼保一体の〝こども園〟になると、さらに内閣府がくわわってきて、二重行政の上をいく三重行政になる。複雑化すればするほど利権構造も生まれ、政治が余計なことをしすぎだっていうのが、僕は民間時代からの考え方。

各省に大事な信念があって、そこにたどり着いたプロセスがあることも承知しているけれども、子ども関連以外でも、政府は民間に任せるべきところを任せず、利権構造をわざとわかりにくくしている。ある意味、結果的に国民が豊かになるのを邪魔している感すらある。

90年代前半、我が国政界では、将来人口が8000万人になったとき「小さくともキラリと光る日本をつくる」というような言葉があった。つまり、あのときからすでに人口減少、8000万人になるということを想定していた。「キラリと光る日本」なんて詩的に言っていたけど、少子高齢化対策を含め、これまでなんの対策も講じてこなかった。反省も検証もなく、いまになって〝異次元〟と言いながら次元の低い少子化対策になっている。

塩村　私も昭和平成を生きてきた人間としてわかるんだけれども、私が持って来た価値観といまの価値観が少し違ってきちゃっている。子育ては母親の仕事だとか、未だに言う人がいる。いわ

ゆるジェネレーションギャップ。やっぱり少し時代の感覚が異なる者同士が話し合うと、前提が違っているので、議論の一致点が見出せない。国会なんてまさにそうで、そこのギャップをどう埋めていくか。子どもを産み育てたいという希望が叶えられるような政策の実現には、おそらく日本ではまだまだ時間がかかりそうだなと思っている。もうちょっとスピードアップしなければ。

あらためて言っておくと、私たちは人口を維持していくという観点で語っているわけでも、出生率を上げるための議論をしているわけでもない。

伊藤　政府は〝少子化〟対策で、我々は〝増子化社会〟づくり、すなわちだれもが産みたい、育てたいと自然に思える温かい地域社会づくりのための政策を提案しています。もちろん政府の施策に反対して止めるようなことはしないし、我々は政府とは違ったところで妊活、出産、保育、子育て、教育と、経済的負担をどれだけ軽くできるかに加えて、出産後の早期社会復帰や収入減となる課題などを政治や社会がほんとうの意味で理解し支え合える環境を創りたいですね。

※ベーシックサービス
医療・介護・教育・障害者福祉などのサービスをベーシックサービスととらえ、これらは所得制限を設けることなく、すべての人に無償給付するというもので、慶應義塾大学経済学部の井出英策教授が提唱したもの。

テーマ

女性政策

時に対決、時に懐柔しながら反対派を説き伏せ
不妊治療の保険適用や
アボーションピルの承認など
女性のための女性政策を実現

塩村あやか

山崎 誠

桜井 周

女性議員が増えたことは素晴らしいが、多い分だけ考え方に幅がある。幅の広さを前進する力に変えていきたい

塩村あやか（以下、塩村）　女性政策の進め方の話をしたいと思います。私がいちばん問題だと考えているのは、政策にかぎらないかもしれないけど、我が党は議論になると、0か100かに陥りがちになるところ。つまり、「こういうのができるといいね」という話になると、「こういう危険性があるからできない」という方々がかならず一定数いて、前に進まない。

たとえば不妊治療の保険適用など、実は我が党が精力的に内外で活動をして、SNSなどで支持が広がり、早期に政府与党を動かした好事例です。しかしながら、その成果を強調しようにも、不妊治療に否定的な方がいたがために、党としては世間に政策実現のPRができなかったのが残念。少々愚痴っぽくなりますが、最初から不妊治療の保険適用を動かしたのは立憲民主党だと知っている人、います？

山崎　誠（以下、山崎）　いやあ、残念ながらいないかも。

桜井　周（以下、桜井）　市議だった民主党時代からですが、我が方がやったはずの政策なのに、アピールがまったく足りない例が山ほどあります。維新の高校授業料の無償化なんて、民主党の政策だった。いつの間にか維新が大阪でやったという顔をしている。

塩村　そういう反省もあって、とくに女性政策は0か100かではなく、みなさんのために良い政策であれば、反対意見も聞きながら、なんとかコンセンサスを得られればいいと思っています。

桜井　その点について言えば、たしかに0か100かではなく、政策自体にも選択肢を示すことが必要だと思います。なので、なんでもかんでも「そんなものはけしからん」というのはどうかと思います。

たとえば「選択的夫婦別姓」の問題も、別姓を選択したい人が選択すればいいだけの話で、すべての夫婦が別姓になるわけではない。つまり、女性政策にかぎらず、我が党の政策は、国民の方々がライフスタイルに合わせて選択できる、選択の自由、多様性を認め合うというものでありたいと思います。

山崎　塩村さんはたくさんの政策を提案し、実現されている。私は、この国の政治は女性政策に対しての理解が足りていないと思っている。立憲民主党も多様性を謳っているにもかかわらず、時として固定観念にとらわれてバランスのとれた議論ができないことがあって、残念です。男性議員だからということではなく、女性議員にも言えることだと思います。そこから早く脱皮していかなければ。

塩村　そのとおりです。立憲民主党は女性議員を増やそうというところで伸びてきた歴史があって、「女性の声が政治を変える！」と街頭でも訴えています。ただ、女性と一口に言っても、当然ワンパターンじゃない。だから、党内に女性が増えてくると、女性のなかでの考え方の違いが出てくることに、いま議員4年目ですが、2年目、3年目に直面しました。そこをクリアしながら、立憲の女性政策をしっかり打ち出して、世の方々から「しっかりやってくれているんだ」という評価を得られるようにやっていかなければならないと思います。

桜井 女性だっていろいろな考え方があるのは当たり前です。立憲民主党の参議院議員は約半分が女性で、多い分だけ幅がある、これはすばらしいこと。その幅の広さを前進する力に変えていけるようにしたいですね。

塩村 そこで、私のテーマを挙げるとすれば、「どうやって政府・与党を動かしていくか」です。不妊治療だけではなく、アボーションピル（経口流産・中絶薬）も保険適用承認薬にしたいと提案するのですが、保守派の方々からすると、「中絶薬なんてとんでもない」とまるで説得力のない反対の声が上がる。そこに正面切って「女性にも中絶の権利がある！」なんてやっちゃうと、絶対に通らない。だって、反対の声を上げる自民党が、絶対的な多数派ですから。

そこで、男女共同参画、ＬＧＢＴなどを扱う内閣委員会で、「アボーションピルは経口薬で、金属を体に入れて行う手術じゃありません。不妊治療には流産がつきもので、せっかく授かった小さな命が流産となったとき、精神的にも傷ついた女性にとって、金属を体に突っ込んで子どもを掻き出す手術方式がどれだけ心身に重大な影響を与えるか考えてほしい。世界では経口中絶薬がスタンダードになっていて、すでに80か国以上が使っています」と、丁寧に説明すると、ずらりと並んだ保守派の議員もみなさん頷いて納得してくださる。実際に保守の代表のような議員が

「そういうの、知らなかった。教えてくれてありがとう」と言ってくれたりして、その後の政府答弁で「承認に向けて進んでいると承知しています」と変わっていくんです。承認までの間は「(搔爬法ではなく)吸引法を推奨する」通知も出してくれたりして。

桜井 なるほど。でも私は、両面あると思います。塩村さんが言われたとおり、目の前の課題を解決するためには、多数派に配慮しながら一歩でも前進させる、というやり方もあります。一方、我が方が政権を担当すれば現在の課題は一気に百歩前進させられます。なので、場合によってはあえてそこはしっかり争点化して、世に問う。自民党ではできないということをアピールする。その両面があってもいいと。

山崎 そういう点では、最近の重要テーマの入管法改正法案などでも、法案で修正を取れたら一歩前進だから賛成しようという現実的な一歩の効果を求める考え方と、ダメなものはダメだからやっぱり野党は反対すべきという考え方のせめぎ合いになっています。野党の役割をどう考えるかにもかかわりますね。

塩村 私は修正派なんですよね。

桜井 入管法でも、最初に出てきたものが100点満点の10点くらいのもので、それが20点まで上げられたから良しとするのか、それはさすがにダメとするのか。もちろん点数の付け方はそれぞれですけど。DX(デジタル・トランスフォーメーション)のように、最初に出てきたものが50点で、それを60点までに修正できたのなら、良しとするのか。絶対に100点満点でなければダメということではないと思います。

塩村　そこは考え方ですね。私が国会で取り上げた女性政策で言えば、いまのところ着実に前進して合格点で進んでいる。アボーションピルも流産については保険適用となり、流産・中絶方法の選択肢を増やせました。一方で、生殖補助医療はすごく意見が割れるところで、超党派との話し合いに出ていくと苦労しています。我が党と他党の意見が大きく離れていることが多く、そこをどうすり合わせていくのか。

山崎　女性政策と一口には言えないけれど、女性に関係した政策には思想信条が絡んでくるのかな。

桜井　私はいま財務金融委員会で、山崎さんは経済産業委員会所属ですが、経済面で見た場合の、女性の賃金で言うと平均賃金は男性の7割に止(とど)まっているという格差、ジェンダーギャップがあります。高校生あたりまでは男女に差がないのに、大学生ぐらいで差が出て、就職するときにその差がさらに広がる。その結果、社会全体としてももったいないことになるんです。私自身はこれをなんとかしたいと思っています。そして、こうした原因の一つが政治の世界に女性が少なく、意思決定ができないことにあると考えていて、2022（令和4）年夏の参院選では、立憲民主党は候補者の半数以上を女性とし、結果、当選者も半数以上が女性でした。また、自分の総支部（兵庫6区）では、所属地方議員は男女半々になっています。

山崎　女性の政治参画について、ぜひいろいろお聞きしたい。いま、ふつうに時代の流れが、女性が半分いて当たり前というようになっています。実際に地方議員には女性が多くなっていて、活躍し、輝いて見えます。しかし、国会は相変わらず男性優位の世界ではないかと。

塩村　参議院は女性議員が多いですね。衆議院の倍です。参議院では登壇者が全員女性という本会議もありますし、かなり変わってきましたね。だから女性政策もどんどん動いている。先ほどのアボーションピルの話なんて、少し前までならとんでもなかったでしょうし、実はそれより先にアフターピルのOTC（※1）は議論がはじまっていたけど、女性議員が多くなった2年前に国会質疑したアボーションピルの日本承認のほうがすんなり進んでいます。

山崎　たしかに、男性には議論しにくいテーマがあると思います。知見がないから勉強しないといけないしね。

塩村　なので、そもそもが、国会で取り上げる人も少なかった。だから、いろいろなものが日本は遅れてしまった。ようやく動きはじめた感じです。でも、男女賃金格差となると、新しくて古い課題でもあり、一気には改善できない。

桜井　表向きには、男女で賃金差別をしているわけではない、というのがあります。でも実態は、女性が多い職場では女性の賃金が低かったりする。また、社会保障制度や税制、いわゆる「年収103万円、130万円の壁」があり、それらが女性の低賃金の原因になっています。一方で、最低賃金を上げるという動きのなかで女性のパート従業員が壁を超えないように勤務時間をおさえるようになります。そうすると、年末になるとパート従業員が働けなくなるので、人手不足に拍車がかかり、企業は困っています。雇う側も雇われる側も不幸になる制度は、改めていかねばなりません。

塩村　数年前までは「子どもは母親が育てろ!」なんて野次が国会でほんとうに飛んでいましたから、そんな人たちには現実が見えていない。国会はまだまだ男尊女卑が見え隠れ。

男女平等も、まだまだ不十分　改善の方策は同一労働同一賃金と、男女同一育休

桜井　女性政策を推進するための現実問題として、未だある男女の格差を、解消していきたい。格差の一つは、賃金を含めた経済面。もう一つは性差別というのか、言葉が難しいですが、女性だけが抱える負担。簡単に言うと、出産は女性にしかできない。それが故に、女性にはさまざまな負担がかかってしまう。そこに対する政治的なケアというか配慮というか、尊重というのか、そういうものが必要です。ここはいくら言っても男女平等にはなりません。しかし、ベースは男女平等に、不公平感がないようにやっていく。

たとえば、女性は産前産後、休まないといけないように法律で決められています。企業側としてはそこを考えると、女性と男性とおなじぐらいの能力でどちらか一方を選ばなければならない

となると、やはり男性を雇用することになってしまう。しかし、これは不公平。だから、男性もパートナーが妊娠し、出産する場合には、女性とおなじように、産前産後は強制的に休むこととする。もちろん育休は別に取っていただく。

塩村 すばらしい。女性が言いたかったことです。

山崎 面白い。男性を女性側に揃えちゃえばいいんだね。男性にも女性にも余裕ができて新しい発想も生まれますね。

桜井 イクメンだとか、男性の子育てとか言いながら、男性の育休を推進していますが、育休を取る男性はまだ少なく、女性が多く取得しているのが現状です。スウェーデンでは女性も男性も、育休はしっかり1年間取る。

男女がおなじように産休や育休をおなじ条件で取ることが義務化されたり、法律で決まったりすると、雇用の扱いの差はなくなるはずです。

塩村 そこに一つ加えるなら、やはり女性の賃金ですね。女性の場合、圧倒的に非正規雇用が多い。同一労働同一賃金をしっかり守っていくこと、それも含め、まずは企業の理解を深めていくことが大切。もちろん抵抗があると思うので、そこになにかしらのインセンティブをつけることを考えてもいい。

山崎 雇用後の産休、育休が男女おなじ条件だとすれば、後はそれぞれの個々の能力ですから。法律まで行かなくとも、条件を整えるための制度づくりなどは国でできますね。そうすれば男女の雇用の格差もなくなっていく。

桜井　でも、こういうのは自民党ではできないですよね。

塩村　さっき言ったように「子どもは母親が育てろ」って野次を飛ばしていましたからね。

桜井　介護、看護、保育など女性が多い職場から賃金をどんどん上げていかなきゃならない。人手不足でもあるので、マーケットメカニズムからすれば、給料は上がって当然なはずが上がっていない。政府が無理やり低く抑えています。

塩村　おそらく自民党にはやる気がなかった。介護のようなケアワークは低賃金でいいとか、子育てが終わった主婦が働きに出る職場という前提で、おじさんたちが制度をつくってきた。いまの日本にはまだまだそういうのが多い。そこを一つひとつしっかり改めていく。

桜井　やっぱり派遣労働も改めなければならないですね。派遣は、最初仕事を紹介するときに紹介手数料を取るのはわかりますが、ずっと派遣会社が労働者の給料から、いわゆるピンハネし続ける。これをなくすだけでも労働者の賃金は上がるわけです。そして、非正規雇用であっても、直接雇用にしていくようにすれば給料を引き上げることができます。

塩村　労働者性（※2）を広げるように法改正を進める。労働者性を広げると、社会保障も整備しなければならなくなります。

ベーシックサービスを充実させて、大学生でも不安なく出産できる環境を

山崎　少子化問題にもつながるけど、子育てはだれがする、家庭か保育所かという点が課題としてある。基本は選択の問題で、子どもをどういうふうに育てたいか、育てるべきかを選べる社会にしなければならないと思います。保育所などが希望通りに利用できるのかの問題ですが、多少良くなった感はありますが、どうでしょう、なかなか解決できずにいる地域もあるのでは。

塩村　保育所、保育園に関しては、少子化の影響もあって、これから空きが出てくるという逆の問題が出てきています。

桜井　それも、言わば本末転倒なんです。少子化対策で保育所を増やしたのですが、少子化で入所する子どもが減っているという（笑）。

塩村　衆議院でも出ているのかもしれないけど、参議院では空きの出ている保育所で、おかあさんがしんどいときに預けられるようにしようというところまで来ています。

桜井　都市部ではまだ、ようやく待機児童がなくなったくらいで、兄弟姉妹でおなじ保育園に入れず、違うところに預けているという人もいます。そんなことになっている人は、もう3人目はないよね。だって、朝の忙しいときに、2か所の保育園に子どもを連れていくなんて。また、近くにある保育園に入れるかどうかの問題もありますよね。子どもが2人なら、私もたまに見かけ

ますが、自転車の前と後ろに乗せて走っているおかあさんがいますけど、3人だと、じゃあ車で行けるかというと、ほとんどのところは無理。人口維持には出生率が2・08だから、3人産んでもいいと思っていただいているところには3人産んでもらわないと、少子化対策にはならない。

山崎　政府の少子化対策、そういうところが抜けていない？　現場に根差したきめ細かな対応が必要でしょう。

桜井　これはアイデアレベルでほんとうに機能するかどうかなんですけど、欧米では学生でありながら子どもがいるという人もいますよね。日本では、一昔前なら、学生が子どもをつくったら大学は退学するような。でも、子育ては若いうちにするほうが体力的にも楽だし、子どもが成長して手が離れるころもまだ若いし、という話も聞きました。いま、たとえば大学へ行きながら子どもを産み育てる、という選択肢があってもいいのではと思っています。欧米の大学には託児所もありますが、日本にはないでしょう。

山崎　それは大胆な発想だね。

塩村　選択肢としてすごくいい。

山崎　大学生ということは、ふつうに考えれば18歳以上だし、結婚もできる。そうした人たちにはしっかり奨学金も出して。

桜井　ちゃんとした稼ぎがあって、将来の不安もないくらいになってから子どもをつくりなさい、そんな考えがまかり通っているから、子どもをつくるステージまで行けない。そういう心配がなく、学生でも子どもをつくり育てられるような、奨学金、子ども手当、学内託児所などでサポートするのもありじゃないかと。

山崎　教育も保育も医療や介護もすべて無償化するベーシックサービスだよね、必要なのは。税金の使い途をきっちり見直せば実現できます。

塩村　賛成。つけ加えると、大学生に限らず、どんな年齢でも、子どもを産めば育てていけるという国にしなければいけない。だから、やっぱりベーシックサービスですね！

※1　OTC
英語のOver The Counter（カウンター越しの）の略。薬局でカウンター越しに薬を販売する方法のこと。処方箋がなくても薬局などで購入できる薬を意味する言葉として使われている。

※2　労働者性
契約書上や業務委託などのフリーランスなどでも、労働実態があれば、労働基準法によって労働者性が認められ、労働基準法や労働契約法などの法令が適用されることから、労働者として法的に保護される。

テーマ

地域主権

国は国でしかできない仕事だけをして

地方に財源と権限を渡して

地域が自らのアイデアで行政サービスを差別化する

源馬謙太郎

篠原　豪

藤岡隆雄

政治が霞が関の権限を地域に移す。リモートも使い、大学や企業を快適な地方へ

源馬謙太郎（以下、源馬） コロナになり少しは地方に目が行くようになってきましたが、東京一極集中は変わっていません。私は静岡ですが、篠原さんは神奈川、藤岡さんは栃木。東京一極集中の弊害を感じているところはありますか？

藤岡隆雄（以下、藤岡） 地域の人口減少で疲弊が続いている。とくに農村部ではお祭りなどの地域の行事が成り立たなくなっているところも。以前あった工場も移転したりして、雇用環境が厳しくなっているところもあります。

篠原 豪（以下、篠原） 私は神奈川なんですが、東京まで20分、30分の川崎市、横浜市、相模原市の3市が、東京のベッドタウンとして成長し、政令指定都市になるまで大きくなりました。1県に3つの政令指定都市があるのは神奈川だけです。

源馬 やっぱり神奈川は「地方」とは呼べないですね（笑）。

篠原 中央集権の下、高度経済成長と人口増を前提とした発想で都市計画を進めてきた結果と言えます。しかし、県と政令市ではほとんどの権限が政令市にあり、横浜市は県から独立した特別自治市を目指しており、地域主権の実現を掲げています。

源馬 神奈川は少し事情が違いますが、地方は人口減少という問題が深刻度を増しています。こ

れを止める有効な手立てはあると思いますか？

篠原　私も地域主権っていうのが大事だと、ずっと訴えてきました。なので、やっぱり地方分権、地域主権を実現して、東京一極化を是正するということに行きつきます。それぞれの町で、住民たちが夢と希望を持って、持続可能な自分たちのまちをつくる仕組みづくりが大切です。

源馬　あくまでもその地域の住民が主人公になって。

篠原　市町村、行政はあくまでも調整役として向き合う。ところがいま、そういうふうにいっていない。これはもう我々若手が、次の社会を目指してどういうふうにやっていくかというのを考えなければいけないと思います。

源馬　具体的なところで言うと……。

篠原　もはや世界の流れも変わってきているように、新自由主義で全部自己責任の社会っていう遅れたモデルじゃなくて、やっぱり日本には日本の伝統的な良さがあります。そこを守りながらお互い支え合って地域で、コミュニティで社会をつくっていくことをいま一度やっていかなきゃいけない。大事な一歩は財源と権限と人間を、しっかりと中央から地域に移譲することです。

源馬　元官僚の藤岡さんにお尋ねしたい。やっぱり霞が関はなんとしても中央集権で自分たちが権限を握っておきたいっていう思いがあるんですかね。

藤岡　どうしてもあると思います。霞が関には、縄張りを拡大したい的なところが底流にある気がします。だから権限を手放すというマインドにはならない。ただ、多様な力や考え方を認めていこうという時代になりました。ところが、霞が関もわかっていながら、そんな多様性を一つにまとめようとする習性があります。やっぱり政治がしっかりやっていかないといけないと思うのです。霞が関の権限のなかで、地方に移譲できるものは移譲し、大学などの教育機関や企業の本社機能などを地方に移転しやすいような環境にしなければと思っています。

源馬　そのために必要なことはなんでしょう。

藤岡　税制の優遇だとか、財政面での手当ですね。大学や企業を誘致する場合に必要になる土地、用地の確保に関しては地域でやりやすいように、国は制度面も含めて応援するなどが必要になると感じます。

源馬　ところが、そこで国の制度で支援しちゃうと、結局は地域主権じゃなくなっちゃうような気がするんですよ。まずは地方が独自でできることを増やす。たとえば地方で税制優遇を決められるとかね。

藤岡　それが一番理想ですよね。ところが、地方が独自のことをやろうとすると、中央がブレーキをかける面もこれまであったように感じます。ただ、兵庫県明石市の泉房穂・前市長のように、思い切ったことをやってくださる首長もいます。

源馬　地域主権になれば、地方に権限も渡しますが、責任を負うことになります。国は面倒を見てくれないから。そうなると、地方はしっかりとした首長を選ぶことが大事になるわけです。これまでのように「だれがなっても一緒」ではなく、まちをどう変えてくれるかを見て首長を選ぶ、変なリーダーを選んだら自分のまちがどうかなってしまう、そういう意識が生まれれば、政治への関心も高まってくるはずですよね。地域主権の副次的効果です。

篠原　実際には、市町村が自由にいろいろなことをやりたいと言ったときに、やりたくてもやらせてもらえないのが横浜市であり神奈川県であり、日本なのです。

源馬　僕ら、浜松もまさにおなじです。

篠原　中央集権を地域主権に変えて、経済面や住環境、子育ての環境だったり、このまちに住めたらいいな、住みたいなという魅力的なまちにしなければなりません。人口減少が深刻な地方はまちに魅力をつくってアピールし、他のまちから住民に移住してもらいたいくらいの意気込みを持たないとダメ。市町村間で切磋琢磨してやれるようにするのも、地域主権なんです。そのあたりもしっかり責任をもって考えていく必要があります。

藤岡　地方の若い人たちは大学進学で生まれ育ったまちを離れ、その後定住先としては戻ってこられないケースが多い。ちょっと古いデータですが、大学進学時に東京圏内に流出する地域は、源馬さんの静岡、そして北関東、私の地元栃木あたりが高いと示しています。

もちろん地方に大学がないわけではありません。単純に東京という都会への憧れが大きな誘因になっているのでしょうが、たとえば1時間程度の通学時間圏内の大学が、東京の大学よりも魅力的な大学なら、一定程度は地域に残るのではないかと思います。あるいは他県からも若者が来ることもあるかも。

源馬　大学は一つのカギですよね。魅力的な大学、たとえばほかのまちからも入学者が集まる大学をつくるにはどうすればいいのでしょう。いまの仕組みでは、優秀な人ほど東京のいい大学に行き、そのまま東京の有名企業の本社に勤める。結果、優秀な人材ほど東京に集まってしまう。

篠原　私立の大学の学部学科は、1か所にある必要はないので移転させるということがまずできる。現に、東京都内は地価が高いので、東京の大学でありながら、ある学部は埼玉にキャンパスがあったりします。国立大学について言えば、全体的な再編も考えていいかもしれないというのが一つですね。再編も可能にする道をつくらないといけません。

もう一つはネットがあるので、地方に居ながら、リモートで東京の大学の授業を受けて卒業、ということも。こういうのはなにも学校だけじゃなくて、企業の支店や支社、部門を地方に移転させる役にも立てます。これまでなら支店は経済圏を考えて、名古屋や大阪や福岡だったのが、それ以外の地方でもいいでしょうと。テレワークで海を見ながら、環境のいいところでTシャツ、短パン、アロハシャツで仕事できたらいいですよね。コロナ禍で大変でしたが、しかたなくやりはじめたリモート授業やリモートワークを、これから逆手にとって、新しいシステムにしてしまえば、大きく社会が変わるのではないでしょうか。

源馬　たしかに、デジタル化によって、このところ移住者は少し増えていますよね。伊豆の方だと、リモート中心でも東京までならいざという場合にはまぁ通える距離でもあるし、ということで若い移住者が増えています。

藤岡　少し加えるなら、地方には土地があるんだから、理系の先端研究所、基礎研究所を地方につくって来てもらえばいい。現実に、ある著名な大学の研究チームがごっそり中国に行っちゃったりしています。研究費なども充実している。研究から生まれた成果は中国のものになってしまう。そこで、国が研究費をドーンと出し、研究の環境を地方がつくって整えるという仕組みができればいいと思うんです。

ＩＴやデジタルで時代が大きく変わったところでいま再び日本を元気にする〝道州制〟の実現を

源馬　一頃盛んだった地方分権、地域主権がぜんぜん議論されなくなった。２０１２（平成24）年ごろ道州制が叫ばれたころには、自民党も当時の民主党もかなり議論していたのに。

篠原　２０１３（平成25）年ですが、第30次地方制度調査会が方針を出し、政府もちゃんとやろうと検討もしていましたので、正直、ある程度議論が尽くされた感じもあります。

源馬　いまの都道府県を全国10ブロックくらいの広域行政府に再編し、幅広い権限を持たせるのが道州制で、そうするとそれぞれの地域ごとにいろんなことができるので、みんな知恵を絞って、どうやって自分の地域を豊かにしようかと考えます。それこそさっきの話のように、我がまちはこういうふうに大学を誘致するとか、こういう税制で企業を呼ぼうとか、競い合うことで国全体が豊かになる。

一方、基礎自治体もせいぜい人口30万人とか50万人ほどの規模にして、より暮らしに密着する行政サービスは基礎自治体にやってもらって、経済政策などは道州でやる。

盛んに議論されていたころから、IT技術の進化、コロナ禍の経験などで時代はさらに変わりました。いままた本気で国のカタチを変えるチャンスですよ。かつて、80年代に松下幸之助は大都市への人口集中によって引き起こされる過疎過密から、日本はこのままでは一方に傾いて転覆するか、あるいは沈没すると憂いていました。そしてこの問題を解決するには、人や国力を分散させる国と地方の形づくりと、地方自治体の主体性が必要だと言い、現状の府県制から道州制への移行を提案しました。いま一度、時代が変わったところで地方分権、道州制を実現させたい。

篠原　いま、日本に1724ほどの基礎自治体があります。1億2000万人規模としてはこれでも少ないんですよ。なぜなら日本の一自治体あたりの平均人口は約6万7000人でとても多い。イギリスやフランスにはコミューンが3万5000で自治体あたりの人口は1600人。EU平均で自治体あたりの人口は4400人です。つまり自治体そのものも日本の古い体制である中央集権型の大きな政府モデルとなっていて、民意が反映されにくい国になっています。

源馬　僕は篠原さんとはちょっと意見が違っていて、基礎自治体は大きすぎてはいけないけど、いわゆるコミューン的なサイズより、もうちょっと大きくしたほうが、効率よく行政運営できると思っている。

篠原　よく自助、共助、公助と言って、自分たちでできることは自分たちで、できないことは行政単位でやってもらおうと言う。たとえばアメリカのカリフォルニアのあるまちは、ゴミ収集などのベースサービスは広域自治体で、まちづくりや再開発はプロフェッショナルのメンバーを入れて、まちの議会で計画をつくってやっていくことで成功している、そんなまちが多くあります。

道州制は自分たちでできることは自分たちの基礎自治体の範囲でやって、できないところは広域自治体（道州）に任せて、さらにできない外交や安全保障は国が国家の仕事としてやる。いま総務省や農林水産省がやっているような話は、最後のまとめはやってもいいかもしれないけど、それぞれの地域のなるべく小さい単位でやってもらって、そのまちの特性を自由に活かせる方向につなげていくのがいいんじゃないかって当時議論しましたね。

源馬　自分たちでできることを自分たちでやるためには、ある程度基礎自治体に規模がないとできないんじゃないかな。アメリカやフランスのコミューンは、日本には合わないと個人的には思う。ただ、制度、方向性としては、地域でできることを増やしていくというのはまったく同感です。

篠原　地域ではすでに既存の商工会議所とか、商工会、観光協会、農業法人とか、シルバー人材センターとか、ＮＰＯなどいっぱいあります。この方々が連携して、地域社会をつくっていっていただければ有難いですね。一緒に力を合わせてやっていく仕組みをつくってうまくやっている地方、地域があるのも事実ですから。

藤岡　人の移動が活発になるのがいいですよね。常に生まれ育ったところでなく、いろんな移動の中で各地域の中で盛り上がっていくのがいいと思うんですよ。大学を出て、また地域に戻ってというところがあっていいと思うんですけどね。

篠原　Uターンで帰ってきてもらうのと同時に、新たに我がまちに来てもらう。そのために大事なのは、そこに住んで安心で暮らしやすいということ。そのための仕組みもつくっていかないといけません。

源馬　また例に出しますが、不払いの養育費までケアしてくれている明石市とかね。子どもを育てるなら、いまのまちよりも明石がいい、となりますから。

篠原　医療、健康、福祉、子育て、こういったところで地域の活性化を図り、地元でお金や資源が循環するようにすれば、人口も増え、その地域の活力も循環していくという話なんですね。

源馬　そうだと思います。明石市が頑張れば、近くの市も負けないように頑張って競い合うので。競い合うっていうとちょっと新自由主義っぽいかな（笑）。

藤岡　いや、競い合いは、私は必要だと思います。地域間でちゃんと競争して、人をひきつける地域にならなければ、地域も成長しないですからね。

篠原　そうすると、財政民主主義を考えたときに、首長の政策がはたしてそこに住んでいる地域住民にとって正しいやり方なのかを考える自立性も大切ですよね。限られた税収と自治体の規模のなかで政策を選択しなければならないので。

源馬　地方分権、地域主権あるいは道州制を語り、考えていけば、どうしても財源をどうするのかとなります。アイデアや行動力のある自治体も、財源の裏づけがないといろいろなプランも実行に移せない。

藤岡　源馬さんがおっしゃった財源をどうするかっていうのが一番悩むところですよね。消費税を地方財源化するとかそういう論点はありますよね。

篠原　消費税も、法人税も、個人住民税も、所得税もそうですし、あと金融所得課税をどうするかって問題もありますけど、いわゆる基幹三税含め、前提なく考え、一体改革をやっていけるかどうかも重要です。

源馬　税源を移譲するだけじゃなくて、税率だって地域で自由に変えられるようにすることがほんとうの道州制だと思います。

篠原　あとはその地域で働いている方々の、賃金とか雇用の問題がきちんと解決されないといけない。お金も十分で、暮らしに余裕ができ、それこそ子どもを産み育てる環境もつくっていかないと。そのために雇用の安定をはかって、若者が経済的な理由で結婚できない問題も、地方でもしっかり解決しないといけない。

藤岡　ほんとうにそうですよ。結婚を難しくさせているところを、地方が権限と財源をもって、壁を壊していけるといいですよね。

篠原　こういうことも異次元の少子化対策に組み込めばいいですよね。

そして、また少しネガティブかもしれませんが、政府がデジタル化の抜本的な見直しが必要だと言って、いま、地方自治体の標準統一プラットフォームをつくっています。そこには住民基本台帳、戸籍の付表、各種の税、社会保険、手当、医療などの情報をのせることになっていて、20の基幹業務があり、ＤＸ（デジタル・トランスフォーメーション）でいっぺんにやろうと言っているんです。

源馬　まさに中央集権的じゃないですか。

篠原　これからやるんですが、みなさんよくご存じのＧＡＦＡのアマゾン（Amazon）とグーグル（Google）が受注しているっていう話があって。国内の業者じゃないし、デジタル中央集権の懸念と地域主権との関係をどう解決するか。

行政の効率化と低コスト化のメリットは理解しますが、万が一あらゆる地方の情報がすべて中央に握られてしまうようなことになれば、住民自治や地域主権どころではありません。

民主主義を守るためにも、地域づくりはあくまでも市民が主役でなければいけません。デジタル化を進めるときも、行政や政治家がこのことを忘れてはならず、我々の責任は大きいと考えています。みなさんと力を合わせて頑張っていきたいですね。

PART 3

国家国土を守る

戦後78年を経過し、
国民はみな、平和が続くことを願ってきた。
どこかで危うさを感じはじめた昨今、
日本の国土や国民をいかに守るべきか。

戦後78年、変化し続けた成熟ニッポン。

いま憲法をつくるなら、

そこになにを書くか、書かねばならないか

重徳和彦

憲法が公布されて77年。日本も世界も大きく変化したいま、改正しなければ、歴史書になってしまう。まずは大胆な議論から入ろう

重徳和彦（以下、重徳）　政策の話で、憲法に触れないわけにはいかない。そこで、まずは憲法ってそもそもなんなのか。もちろん学校で教わったけど、はたして国民の何割が正しく説明できるだろう。

森田としかず（以下、森田）　いわゆる違反すると即罰せられる刑法などの法律とどう違うか。もちろんイメージとして違いはわかっていますが、どれだけの人が端的に違いを言えるんでしょうね。

重徳　あらためて教科書的に言うと「憲法とは立憲主義に基づいて国民の権利と自由を、国家権力から守るためのもの」。だから国家権力側が簡単に変えることができないんですよね。一般的な法律は国会の過半数で改正できますが、憲法は衆参両議院の3分の2以上の賛成ではじめて発議でき、その後の国民投票で過半数の賛成が必要とされています。つまり、たった一文を改正するにしても大きなハードルを越えないといけない。だから、まずは第96条（※1）を改正して、改正そのもののハードルを下げようという議論が出たこともある。

森田　改正するかしないか自体が問題になるのは、他の法律や、他国の憲法のことを考えてみる

と異質ですよね。当然、より良いものにしていこうという議論はあるべきです。

重徳　憲法調査会や審査会で、各党や専門の人たちがそれぞれの立場で議論しています。が、私からすると、憲法公布から77年経ち、日本という国が大きく変貌を遂げ、初めて改正される割には、ずいぶん小粒な改正議論が目立ちます。言葉を選ばずに言うと「そんなちまちました改正しかしないのか」と。だからここでは、もっと大胆に議論をしましょう。

高松さとし（以下、高松）　どの法律もですが、とくに憲法は専門的になるほど、それぞれの条文や条項の意味が深くなります。読み方、いわゆる「解釈」によって意味が違ってくる。そもそもの日本語の特徴でもあるのでしょうが。

重徳　たしかに、自衛隊が違憲なのか合憲なのかも、解釈次第。

憲法第9条（※2）で「陸海空軍その他の戦力を持たない」と言いながら、自衛隊については、自衛のための武力行使は許容範囲だと「解釈」してきました。

森田　世界の情勢を見れば、「もはや解釈だけでは対応できない」という意見もあります。

重徳　国を守ることは認められているし、自衛隊は国が攻められたときに、自衛のための武力行使もOK。いわゆる専守防衛論です。

ところが最近では、ミサイルを飛ばそうとしている敵国の領土内にある基地を、日本は防衛のために、撃たれる前に攻撃する、いわゆる「敵基地攻撃」の能力を持つことの是非まで議論がおよんできました。実は、敵基地攻撃能力を持つことも、解釈上合憲とされていますが、憲法を読んだだけではよくわかりません。自衛隊を憲法に明記するという自民党の改正案も、この部分には触れておらず、意味のある改正とは思えません。

9条も含め、〝そもそも論〟で言うなら、憲法が公布されて77年（2023年現在）、日本や世界は、日本国憲法制定当時に想像すらできないほど変わりました。貧しい敗戦国で、生活環境も社会インフラも整っていなかった時代の日本の面影はまったくなく、飛ぶ鳥落とす勢いの高度経済成長期を経て、世界最高水準の豊かな暮らしを送ることのできる国になった。一方、重厚長大産業が経済を牽引した「ジャパン・アズ・ナンバーワン」の時代を過ぎ、バブルが崩壊すると、若く希望にあふれていたはずの日本社会は色褪（いろあ）せ、地方や山村は過疎が進み、食料自給率は下がり、世界でも稀に見る少子高齢社会となり、極端な財政悪化が将来世代に影を落としています。

これだけ時代や社会が変わったのに、ましてやアメリカの占領下でつくられた憲法が、いまも日本の根幹になり続けていることを疑問に感じるのは政治家として当たり前で、憲法を根本から改めることを議論するのは当然だと思う。考え方としては「改正」ではなく、「新作」でなければならない。

森田　自民党のことを言っても、ですが、自民党は自衛隊の件を含め4つの改正、追加を打ち出しています。ただ、憲法は単に条文だけでなく、いままでの裁判所の判例も含めて国としての意思が積み重ねられていますので、なかなかなにを足したり引いたりするのか判断するのは難しいです。やはり大切なのは全体像としての「国のあるべき姿」のイメージだと思います。

重徳　これまで続いてきた9条をめぐる「改憲対護憲」という対立の構図自体が古すぎる。なんのための改正で、なんのための反対なのか、嚙み合わない論争を続け、ほとんどポジショントーク。

ここで問題提起します。軍事専門家や自衛官など一部の経験豊富なプロフェッショナルの方々を除き、国家の安全保障を語る日本人や日本の政治家に、いま一つ言葉の重みを感じないのはなぜでしょう。近隣諸国の脅威に対し、平和ボケと言われるほどに日本人の意識が希薄なのはなぜでしょう。私は、戦争を知らない世代がいよいよ大半を占める時代に至ったからだと考えます。

戦後78年経って、戦争体験者が少なくなっています。戦争の悲惨さをリアルに伝える〝語り部〟は、みんな90歳前後になっています。毎年終戦記念日に戦争に関する資料映像やドキュメンタリー番組などが放送されますが、戦争を体験した方々から聞かせていただく戦争が、どれだけ悲惨で恐ろしく悲しいものか。これに敵うものはありません。

私自身も含め、戦争を知らない世代は、努力しなければ、平和のなんたるかも理解できません。戦争だけでなく、平和の意味もわからないまま、平和主義を掲げる日本人たり得るのか。ここを問いたい。

戦争をするとこんなひどいことになるということをしっかり国民に伝えることが大事だと思います。だから戦争を起こされないように外交努力が重要だし、外交力の背景として防衛力を整備しなきゃ、というのもありでしょう。そして、不可欠な防衛費のためなら増税も必要でしょう、となるわけですけど。そうした努力なく、ただ防衛力をやたら増強して、もっと日本を強くしないといけないなんて、まるでリアリティが伝わらず、これじゃ増税だって受け入れられませんよ。

欧米では戦史の研究が盛んで、なぜ戦争が起きたのか、どうすれば防げたのか、国民が触れる機会も多いと聞きます。戦争によって家族が離散したといった生々しい現実、それから考えさせられる命の尊さ。日本でも、戦争の意味を正面から国を挙げて伝え続けるべき。それが真の平和国家ではないか。

森田　そこには党派も学者も研究者も関係なく、ですね。

重徳　国民が戦争体験を共有してこその平和主義です。

高松　平和を維持していく前提として、日本あるいは日本国民は自国の領土領海を守るということがあります。しかし、領土領海に対する日本人の意識ってそこまで高くない。尖閣諸島に中国から漁船という体(てい)の船団が来たり、竹島に勝手に上陸されて事実上の支配を狙われたり。最近では中国人女性に沖縄の無人島を買われたりしました。東北や北海道の土地や水源も中国人が買っている。いまはまだ深刻にとらえてないけど、領土の支配を狙っているととらえると、平和維持という理念にも影を落としかねない。

重徳　自国の領土領海に対する国民意識が薄いですよね。5年前、本会議で外国資本から我が国の重要な土地を買われている問題を指摘しました。その後、防衛施設や原発付近の土地取引を調査する法律ができましたが、農地や水源地を守る制度になっておらず、まだまだ不十分です。領土は、国民、主権と並び、国家の3要素です。憲法に領土の堅持を明記することも必要だと思う。

つけ加えると、農地や水源地を守ることは、中山間地の農業集落や、肥沃な平野を育みますし、山林を保全して災害を防ぐことにもつながります。私は、こうした多面的な国土保全の意義と、我が国の食料自給や、安全な国産農作物の確保の重要性の観点から、憲法条項として「国土と食の安全保障」の追加を提唱しています。多くの国民のみなさまにその意義をわかっていただけると思っています。

平和憲法があるからこそ、日本のパスポートは世界のどこでも通用するプラチナパスポートになっている

森田　前文（※3）、第9条はもちろんですが、憲法改正論議が活発になっているなかで、あらためて日本の近代国家としての成り立ちを振り返ってみました。

近現代史では、江戸時代に鎖国を解いて開国し、欧米列強に追いつけ追い越せで近代国家を目指し、やがて日露戦争を手始めにいくつも戦争を繰り返し、ついには無残に敗戦し、今度は焦土からの目覚ましい復興、そして高度成長へと、がむしゃらに進んできました。

しかし、そこに我々は「国のあるべき姿」を描けてこなかった。あらためて目指すべき国の姿

ってものを憲法に掲げておくことが必要です。理念は解釈で意味が異なるものでなく、だれが読んでも一つの解釈しかないものをキチンと掲げて、国や国民が道に迷わないよう、国家としての理念がほしい。

重徳　先にも言ったけど、現在の日本国憲法が公布されたのは1946（昭和21）年。日本は、当時とはまったく違った国になった。それとともに国民の意識も変わり、すっかり歴史書的になった憲法は改正すべきときが来た。もっとも、三原則の国民主権と基本的人権の尊重、平和主義、これは〝普遍〟であり〝不変〟でいい。

森田　平和主義は戦後の出発点、戦後日本の旗印にしたものです。前文と第9条で明記されていますが、大事だなと思ったのは、「国際社会に対する貢献」というところです。

重徳　もう少し言うと……。

森田　日本という国と日本人は、世界中のどこでも、人のために働く、貢献するということです。

高松　私は松下政経塾の出身なんですが、松下幸之助は日本を「番頭国家にするべきだ」と。世界の中で番頭さんを務めるのは日本の役割だと言っていました。超大国ではないけれど、しっかりした平和の理念を持ち、先進国をリードし、途上国を支援する、そんな理念を、しっかり憲法に盛り込んでいくのはとっても大事だろうと思います。

重徳　公布時には考えられなかった切り口ですね。新たな日本国憲法では〝経済先進国として、成熟国家として我々が持てる力で、経済力や技術力も含めて世界に貢献する〟と明記したいですね。日本人の矜持としてというだけではなく、これこそが我が国の安全保障を裏打ちする。でも〝番頭〟っていまの若い世代にわかるかな（笑）。

高松　いずれにしても、私は現行の日本国憲法もすばらしいものだと思っています。しかし、あらためて目を通してみると、現行の日本国憲法は現代の世界の情勢を踏まえた構造にはなっていないと感じます。平和主義を維持し、武力行使は永遠に放棄する、というのは、これは絶対的に不変であるべきです。ただ、中国、北朝鮮というまったく思考の異なる独裁的な政治の近隣国が、軍事的脅威を高め続けている。で、さあ平和主義の維持、武力行使の放棄という理想をどう現実に活かすのか。

森田　もう一方の見方をすれば、日本の平和主義や武力行使の放棄は、世界中で評価が高い。だから、日本のパスポートは〝プラチナパスポート〟と言われていて、どこの国でも通用します。どこの国も日本は敵じゃないと見ている一つの証でもあると思います。これは日本にとってお金に換算できない価値があることです。

日本国憲法の別冊、法的拘束力や罰則を伴わない日本と日本人のアイデンティティをわかりやすく示した「トリセツ」を

重徳　人権についても申したい。新たに憲法をつくるなら、人権という普遍のテーマでも世界標準を目指したいと思う。

現行の憲法では第11条（※4）で「基本的人権」を謳っていますが、その裏でハンセン病や優生保護法など、ひどい差別政策を行ってきました。政治があからさまに憲法違反してきた。近年、障がいのある方に対する偏見や差別は、いろいろな支援団体や障がいのある方ご自身の努力などで随分よくなったと聞きます。「よくなった」だけで、「なくなった」わけではないんですが。

ＬＧＢＴの方々も外国人も、人権が守られているとは言えません。私は、長く『自殺対策議連』の役員をしているのですが、ＬＧＢＴの方々の自殺念慮率は6倍高いという調査を目の当たりにし、それほどまでに生きづらいと感じる人々がいる社会を変えねば、自殺問題は絶対解決しないと確信しました。

また外国人は、愛知に多いのですが、人手不足などの経済的理由で企業が採用した人材の処遇が悪く、地域コミュニティに馴染んでいるとも言い難い。こうした外国人の子どもたちが胸を張って郷土意識を持ってもらえる国でありたい。女性の活躍や社会的地位の世界ランキングも、日本は１００位以下の常連です。

森田　日本はすばらしい国だと思われているのに。

重徳　こんな屈辱的なことでいいのか。まさにインバウンドで、これから世界中から年間３０００万人もの外国人を迎えようと言っている日本が、ですよ。ここは堂々と憲法に新たな人権規定を書き込み、その侵害は許されないことを明記し、国民投票を通じ国民への意識啓発をして、世界トップを目指すと宣言したい。

高松　新しい時代のなかで、日本はあらゆる面で「クオリティの高い国家」であることを上手く表現したいですね。

森田　加えて、あらゆるものがデジタル化され、ＡＩも日々進化しています。そこに新たな概念が生まれています。

重徳　ＡＩの進化に伴い、人権、情報コントロール、そして自己管理できる権利や、新しい概念を盛り込むことは必要。個人情報保護も比較的近年でてきた概念ですが、これにも憲法的理念があれば、と思う。

高松　こうして突き詰めると、憲法ってやっぱり難しく、10人いれば10通りの考え、解釈があり、国民投票まで進んで改正できるのかどうか。

重徳　根気強く議論して、やり抜きましょう。また少し視点を変えて、大胆な議論シリーズで、発想の転換をしてみましょう。

国際社会における日本の立ち位置を確認し、日本の国家観や日本人の国民性を世界中の国々に理解させるため、日本国憲法の下に、国際版憲法として、『日本国基本法』を定める。たとえば憲法第3章「国民の権利及び義務」について、世界標準をターゲットにした新たな人権規定を書く。憲法は一つだから、この『日本国基本法』は、憲法の付加的な文書として、形式上は法律の位置付けだが、たとえば改正の発議を両院の過半数とし、国民投票に付することにするとか。そして、諸外国に対し、言わば日本人の解説書のようなものとする。

森田 イギリスにはそもそも成文憲法ってもの自体がなく、憲法的法規（laws of the constitution）というものがあります。ほかにも基本的な法典の集まりみたいなのを憲法としている国もあります。日本の場合は日本国憲法っていうものが最上位の法規で、その下に刑法や民法など六法といわれる法典があります。いまの話は、この意味の法典ってことじゃないですよね。

重徳 現存する法規、法典とはちょっと異なり、憲法解釈の範囲内なのだけど、国際標準を目指した基本文書、指針のようなものでしょうね。文体は、あいまいな言葉は使わず、世界中の言語に翻訳してもわかりやすいものにしたい。子どもにもわかるような。

森田 法律の条文にしてしまうと、難しくならざるを得ないところはあると思いますが、子どもにもわかる『日本国基本法』なら、大人が読んで聞かせるのではなく、子どもが自分で読んで半分でも理解できるようなものが理想ですよね。ほんとうは憲法も……。

高松 そうすると、一例としてこんな提案はどうでしょう。

憲法第22条にこう書かれています。

「何人も、公共の福祉に反しない限り、居住、移転及び職業選択の自由を有する」

　わからなくはありませんが、これを『日本国基本法』ではもっと今風にカジュアルに、伝わりやすくする。

「日本人はみんなどこに住んでもいいけど、故郷は大切にしなければならない。いつでもどこでも福祉や社会に役立つ意識を持って、自由に楽しく働こう」

重徳　これなら外国人にもわかりやすいですね。故郷を大切にするだけでなく、国土の3分の2は山林の「山国ニッポン」として、水資源を育む山や森を大切にし、感謝と畏敬の念を抱くことも、日本人の特徴として書き込むと良い。水と安全はタダであることは、日本人自身があまり意識していないけれど、世界中の羨望の的なのだから。もっと誇って良いと思います。

森田　私は介護施設を運営していますが、かならず施設の玄関先に目指すべき共通の理念を掲げて、あと詳細は重要事項説明書っていうのを何枚か掲げています。それとおなじように、日本として目指している国民共通の理念について、憲法解釈を噛み砕き、『日本国基本法』としてわかりやすく、対外的に示していくのは大事な視点かなと。

高松　いまの憲法の条文をそのまま玄関先に掲げてもリアルじゃないですよね。

重徳　さらに言えば、いままでの「改憲対護憲」の対立構図は、なんでもいいから改正したい、改憲派と言ってるほうがカッコいいという改憲勢力と、平和を守るには憲法を触っちゃダメなんだという教条主義的な護憲勢力という不毛な構図でした。古いメディアも、「国会内の改憲勢力が何割」という改正の中身も問わない報道を繰り返すばかりで、国民だれもが重要と思う議論が、憲法論争に反映されてきませんでした。

森田　常に世界のなかの日本を意識した『日本国基本法』を制定し、時代の変化にスピード感を持ってキャッチアップすべく改正の国民投票を繰り返していけば、いずれハードルの高い日本国憲法の改正に関する論争も質的に向上し、新しい時代の新作憲法に全面改正する気運が国民的に醸成されると思います。

高松　古色蒼然の「改憲対護憲」の構図も一変する。

重徳　日本国憲法は日本人のためのものであるのは当然なんだけど、世界に誇れる憲法なら世界の人にももっと知ってほしい。日本国憲法は英語にも訳されています。しかし、もともと米国主導でつくられながら、77年間改正されることなく、日本語の字句に基づく解釈で接ぎ木してきた日本国憲法の意味するところが、ほんとうに正しく伝わっているのかな。

森田　その意味でも、日本という国はこんな素晴らしい国で、日本人はこんなDNAを持っているという、日本と日本人の定義書、トリセツ（取扱説明書）があってもいいのでは。

高松　訪日する外国人はもちろん、日本人が訪問する先の外国の人たちにも、日本の歴史や食べ物のこと、美しい四季があり、時間や約束を守り、日本だと財布を落としても中身が入ったまま見つかるすばらしいところ、そもそも日本という国はどんな国で、日本人はどんな人たちなのか知ってもらえば、良識のある外国人は少なくとも日本を攻撃しようと思わなくなるでしょうし。

森田　パスポートの価値がプラチナからさらにグレードアップしますね。

重徳　憲法改正の中身について、国民のみなさんが口にすることはあまり聞きません。それだけ遠く専門的な議論ばかりで、国民にとって大切でワクワクする中身が議論されていないということでしょう。77年ではじめての憲法改正は、わかりやすく、すべての国民が納得できる中身であるべきです。そうでなければ、仮に一度は改正できても、二度目の改正はさらに長く不毛な歳月を要することになるでしょう。

※1　日本国憲法第96条　憲法改正手続

1　この憲法の改正は、各議院の総議員の三分の二以上の賛成で、国会が、これを発議し、国民に提案してその承認を経なければならない。この承認には、特別の国民投票又は国会の定める選挙の際行はれる投票において、その過半数の賛成を必要とする。

2　憲法改正について前項の承認を経たときは、天皇は、国民の名で、この憲法と一体を成すものとして、直ちにこれを公布する。

※2　日本国憲法　第9条〔戦争の放棄、戦力及び交戦権の否認〕

1　日本国民は、正義と秩序を基調とする国際平和を誠実に希求し、国権の発動たる戦争と、武力による威嚇又は武力の行使は、国際紛争を解決する手段としては、永久にこれを放棄する。

2　前項の目的を達するため、陸海空軍その他の戦力は、これを保持しない。国の交戦権は、これを認めない。

※3　日本国憲法　前文

日本国民は、正当に選挙された国会における代表者を通じて行動し、われらとわれらの子孫のために、諸国民との協和による成果と、わが国全土にわたつて自由のもたらす恵沢を確保し、政府の行為によつて再び戦争の惨禍が起ることのないやうにすることを決意し、ここに主権が国民に存することを宣言し、この憲法を確定する。そもそも国政は、国民の厳粛な信託によるものであつて、その権威は国民に由来し、その権力は国民の代表者がこれを行使し、その福利は国民がこれを享受する。これは人類普遍の原理であり、この憲法は、かかる原理に基くものである。われらは、これに反する一切の憲法、法令及び詔勅を排除する。

日本国民は、恒久の平和を念願し、人間相互の関係を支配する崇高な理想を深く自覚するのであつて、平和を愛する諸国民の公正と信義に信頼して、われらの安全と生存を保持しようと決意した。われらは、平和を維持し、専制と隷従、圧迫と偏狭を地上から永遠に除去しようと努めてゐる国際社会において、名誉ある地位を占めたいと思ふ。われらは、全世界の国民が、ひとしく恐怖と欠乏から免かれ、平和のうちに生存する権利を有することを確認する。

われらは、いづれの国家も、自国のことのみに専念して他国を無視してはならないのであつて、政治道徳の法則は、普遍的なものであり、この法則に従ふことは、自国の主権を維持し、他国と対等関係に立たうとする各国の責務であると信ずる。

日本国民は、国家の名誉にかけ、全力をあげてこの崇高な理想と目的を達成することを誓ふ。

※4　日本国憲法　第11条［基本的人権］

国民は、すべての基本的人権の享有を妨げられない。この憲法が国民に保障する基本的人権は、侵すことのできない永久の権利として、現在及び将来の国民に与へられる。

テーマ

国会改革

国会の常識は世間の非常識。

だから国会改革が急務である

青柳陽一郎

源馬謙太郎

伊藤俊輔

「立法府の責任」「納税者の代表」「古い慣習の打破」で新しい国会をつくる

青柳陽一郎（以下、青柳） 国会の常識は世間の非常識だとよく言われます。事実、これはなんの意味があるのか？　ということがたくさんあります。しかし永田町暮らしが長くなるとその感覚がズレてしまいます。国民から見て理解されるか？　この感覚を持ち続けないといけません。「国会って、なにやっているんだ！」という声もあります。これは実のない議論をしているといった揶揄でしょうが、まずは国会というところを紹介するところからはじめましょう。さて、「国会ってなにをやっているところなんですか」と聞かれたら、どう答えましょう。

源馬謙太郎（以下、源馬） 僕は国会見学に来る子どもたちに、わかり易く言うと国会は総理大臣を決めること、法律をつくること、そして国の予算を決めることをしている、と答えています。

青柳 まさにそこ、国会は法律をつくる立法府ですよね。社会科で習います。では、法律はどうやってつくられているのか。

国会でつくる法律には大きく2つあります。政府側がつくる「内閣提出法案（閣法）」と、国会議員がつくる「議員立法」です。閣法に対して、野党は本会議や委員会の場で「立法事実」と言われる意義や背景、法的な不備などを質問して、法律として成立させる前に審査することになります。これは国会議員として重要な仕事なんです。ところが、国会中継など一見すると、野党はおなじような質問を繰り返し、重箱の隅を突いているように映ってしまう。つまり「クレーマー」的に見られるんですね。

源馬　そう見られてしまうことは問題で、野党が建設的な質問に集中できるよう、これまでの慣例や習慣を改める国会改革が必要です。しかし実は、僕は与党の事前審査が問題だと思っています。政府は国会に提出する前に、与党に事前審査してもらった後のものを出してくるわけで、そうすると我々の意見の入る余地がなく、どうしても各論に入ってしまう。

青柳　与党が事前に審査を終えて出してきたものに対し、我々がいくら国会で質問しても内容が変わることはほとんどなく、最後は審議予定時間が終わって採決、結果与党の賛成多数で○○法案成立。

源馬　もちろんそのまま通していいものはそれでも構わないけど、本来なら与野党同時に国会で一から審議してつくり上げていくのが正しいはずです。法律は国民のものだから、事前審査はできればやめるべきです。

もう一つの議員立法については、我々も時代や時流に必要だと思われる法案をいくつも提出しています。ところが、衆議院法制局と専門的に調整し、党内でもしっかり手続きを踏んでつくった法案でも、国会の議論にふされないという問題もあります。

青柳　およそ年間でいわゆる閣法を70～80本ほど毎年審査していますよね。一方、議員立法も我々は改正や対案含め、年間で70本くらい提出している。

伊藤俊輔（以下、伊藤）　そういったところは国民に伝わらないですね。野党はなにかにつけて反対していると思われているが、たとえば、2021（令和3）年の第204通常国会では73本中56本、2022（令和4）年の第208通常国会では70本中61本と、実は、毎年8割ぐらいの閣法などには賛成をしている。欠陥のあるいくつかの法案に対して議論をしている姿が、マスコミを通じて反対ばかりしていると伝わっている感もある。政治家が登場するドラマなどでも、本来の政治家の仕事である法案を提出したり、委員会などで議論、質問しているシーンなんて出てこない。スキャンダルを追及しているようなシーンばかりで。

青柳　閣法を審査したら、次は野党提出の議員立法の審議をする、という新ルールの提案についてはいかがですか？

源馬　いいですね！　それを実際にやるとなったら、政府からすれば限られた国会会期のなかで閣法を通すための日程が厳しくなる。この際、国会は通年国会にして、いつでも必要なときに議論ができるようにするべきだと思います。

青柳　議員立法を審議する場合、法案に関係する大臣はいなくてもいい。その代わりに、野党が提出した議員立法に対する与党議員からの質問に、野党議員が明確に答えなければならない。つまり、ここで野党議員の質、力量、センスが問われることになります。

源馬　それでこそ国会が活性化して、与野党とも議員が切磋琢磨することになり、議論も白熱する。

青柳　議員定数削減やオンラインによる審議など、国会改革のテーマは大小ありますが、この法案審査のあり方は、立法府本来の役割が問われるもので、国会改革の一丁目一番地、骨太の改革になるでしょう。もう一つは、野党側の議員立法の審議を、そもそもだれが、なんの目的で、どんな内容のものをつくり、審議でいかに答弁したかを〝見える化〟する。三ツ星議員（※）というのがありますが、国民のみなさん、有権者のみなさんに、自分が投票した議員の本質を見ていただける。

伊藤　国会での仕事を見ていただく機会にもなりますね。

「新しい国会」を打ち出し、非常識を打破して健全な国会の姿を示す

青柳　我々で「新しい国会」を打ち出していきたい。民主党政権時代に「新しい公共」というのを打ち出したことがあった。民主党政権の終焉とともに聞かれなくなりましたが、いままさに自殺対策や孤独孤立支援、引きこもり対策など、新しい公共の概念が見直されています。

　国会改革という言葉は使い古されてきましたが、我らは時代が変わったいまこそ「新しい国会」を打ち出し、ほんとうに国会を改革したいと思っています。

源馬　さきほどの野党議員立法審査もそうですが、「新しい国会」はできますか？

青柳　粘り強く交渉すれば実現できることもあります。私は国会の運営を担う議院運営委員会の理事を務めましたが、２０２２（令和４）年3月23日に、ウクライナのゼレンスキー大統領が国会で行ったオンライン演説、これを実現させるために、奔走しました。在日ウクライナ大使館の関係者が国会に来て「大統領の話を聞いてほしい、先進国を中心に世界の議会でオンラインでやっている」となりました。ところが、日本の国会では、まずは場所がない、次に設備がない、そして……。

伊藤　いつもの慣用句、「前例がない」。

青柳　良くも悪くもアタマのかたい前例主義、事務局もできない理由を並べまくる。

ところが「やる！　やらなければならない！」と言って、ではやってみようとなると、３日後にはできたのです。つまり、前例なんて言うのは打ち破れるんです。

源馬　国会改革の分野では、野党が反対することはあまりない。与党にやる気があれば与野党合意で実現できるということ。

青柳　そう、やればできるという例をもう一つ。国会や永田町には〝紙文化〟が残っています。これも私が議院運営委員会の理事のときに、官報、１８８３（明治16）年創刊のいわゆる国の公報紙ですが、まずこれのペーパーレス化を提案しました。

伊藤　お話しのように、とにかく紙ものが多いですね。民間企業ではすでにペーパーレスは浸透していきます。そういうところを変えていくというと、なんだか小さなことをやっていると思われるかもしれませんが、ものすごく大事なところです。

青柳　官報を、紙でつくるのを止めれば、年間数千万円の予算削減ができます。さらに進めればまだまだ予算削減ができる。ただ、与野党の話し合いで、官報のペーパーレス化までに2年かかりましたが。

ほかにも特別委員会の改廃、そして憲政史上初でしたが（笑）、国会議員全員にアンケートで「ジェンダー意識調査」を、しかもオンラインで実施しました。

源馬　何年も国会にいる僕らには、まるですごいことのように聞こえちゃうのが恥ずかしいのですが、ほんと、一般の国民、有権者から見れば、いかに国会や永田町が前時代的で、まさに国会の非常識だと思われます。

伊藤　まさに。官報のペーパーレスに2年かかるのが永田町です。

青柳　オンラインについても時代から遅れている。国会審議、参考人質議、大臣の答弁など、オンラインは認められていない。国会内にタブレット端末を持ち込むこともようやくＯＫになりましたが、通信は切ってください、ですから。

源馬　そもそも国会にはＷｉ－Ｆｉがない。

青柳　たとえば大臣や質問者がタブレット端末を使って、外部と通信しながら質疑するようなことになるかも、という理由で通信機能の使用は認められなかったのです。

伊藤　大学入試のカンニングの発想ですね。

源馬　オンライン国会が開かれるまで、まだまだ時間がかかりそうですね。少子化対策で国民には育休をとるように言っていますが、国会もオンラインでできれば、育休中の議員も国会審議や採決に参加できるのに。

予算をぶんどり、使い切る、という発想が国の借金を増やしている

青柳　本質的な国会改革の話では、予算と決算ですね。国会議員の大きな仕事の一つに、予算審議があります。「これにいくら必要です、これをやるためにこれくらいの予算が必要になります」という国家運営に必要な予算を審議します。ところが、国会は決算、1年間の収支や実績報告をしない。だから、予算はいつも〝どんぶり勘定〟になる。

つくった予算に対し、1年が終わったところで、予算よりコストがかかってしまったのか、経費が削減でき予定していた予算よりも安くすんだのか、検証しない。

源馬　僕は地方議員出身なので地方の議会のことを言いますと。地方では予算委員会よりも決算をほんとうにがっつりやります。厳しいですよ。

青柳　まさに、それが本来の姿でしょう。国の財政は赤字続きで、予算は国債、つまり借金なくしては成り立たない状況、それでも相変わらず予算はどんぶりと、ぶんどり。

先日、安全保障委員会で重徳議員が浜田防衛大臣に「予算が余ったらどうしますか」と質問すると、浜田防衛大臣は「使い切ります。予算を使い切るのが仕事」と答弁し、さすがにみんなびっくり仰天でしたね。

伊藤　ほんとうにひどい答弁で、本来の目的のための予算が余っても返さずに、ほかで使うと。国民の税金を、ですからね。税金は人のお金の最たるもの、かならず無駄づかいをする。有権者の方々にはこういうのが与党の本音だということを知ってほしいですね。だからチェックが必要。

源馬　そこは大きな問題ですね。予算でも、最近はコロナ対策に必要との理由で、政府が勝手に使える「予備費」という名目のものを、5兆円、10兆円積みます。ところが決算では、先ほどの防衛大臣のように、まずは余らせようという思考がなくて、とにかく100円、10円、1円まで、無理しても使い切るんです。

伊藤　やっぱり、経営感覚のない政治をしていますね。

青柳　納税者の代表が国会議員だから、税金の使い道をしっかり正さないといけないと言っているわりには相変わらず予算ぶんどり主義で、決算が軽視されている。これはもう民間の感覚からかけ離れている。

源馬　県議時代、予算を余らせたら評価される仕組みにするべきだと提言したことがあります。

伊藤　それはいいですね。そういう仕組みがあれば少しは意識が変わるかも。

源馬　現状だと、予算を多く取ると手柄になり、余らせた人は評価されず「使い切れ」と言われる。この民間には通じない国会の非常識は、なんとしても変えなければなりません。

青柳　先ほど源馬さんが予備費の話をしてくれました。これまでの予備費は5000億円から8000億円ほどだったのが、5兆円、10兆円が常態化してしまいました。

伊藤　復興税もまったくおなじ構図ですよね。

源馬　東日本大震災時でも5000億円でした。新型コロナウイルス流行時には10兆円です。これ、本予算ではなく、10兆円はあくまでも予備費ですからね。

青柳　ちなみに文教科学技術予算は5兆円強。残念ながら教育投資は先進国最低ランク。それなのに予備費が5兆、10兆です。しかも補正で予備費をさらに積み増すって、どういうことでしょう。

源馬　こういう話というか実態は、マスコミも報じてくれないですね。

国会はガラパゴス。いまだ非デジタルで、社会との感覚の乖離（かいり）が進むばかり

青柳　伊藤さんは国会の無駄や非効率なところに、強い問題意識を持ってますね。

伊藤　とにかくいっぱいあります。それこそ、国会の無駄だけで一冊の本が書けるくらい。なので、なにから……。

源馬　では伊藤さんの怒りを代弁する気持ちで一つ。

委員会などで議員には質問の時間が決められて、そのなかで質問し、答えをもらうという議論をするのですが、質疑中に質問している議員のところに国会職員が小さな紙を何度か置きにきます。国会中継、委員会中継などを見ていただくと、わかりますが。紙になにが書かれているかというと、「あと5分」とか「時間終了」。これ、必要なのか。

青柳　時計だってあるし。

源馬　それで一度、かの職員さんに聞いてみたら、「私の委員会中の役割でして、委員会が開かれる日は1日6時間やっています」と。

青柳　よくぞ言ってくれました。それ、すごいですよ。その職員さん一人じゃない。どの委員会にもいる。

源馬　続きがあって、委員会室には時計だってあるし、わざわざ紙で時間を知らせることをやめてはどうかと聞いたんです。すると「やめてもいいと思います。でもたぶん、その時計が遅れていないかどうかをチェックする仕事に変わると思います」って（笑）。ご本人も苦笑していました。

青柳　時計がズレるかもしれないからこの人員は削減できませんって（笑）。それから委員会で資料を使いたいと言ったら、全部紙で、全員分コピーしないといけない。こんな分厚い。そして、コピーした資料を全員に配る人がいる。もういい加減、設備を入れたらどうですかと。プロジェクターがあれば事足ります。

伊藤　先の時計の話で言うと、予算委員会を行う第1委員室の時計がありますよね。あの時計、進んだりしているんですよね、たまに。あの時計を信用していたら、1、2分ズレていたんです(笑)。

源馬　我々、いつの時代の話をしているんでしょう。

伊藤　とにかく、いろんなところが時代遅れ。テクノロジーの進化とは無縁の世界で、国会こそが国民や世間から遠く離れたガラパゴスです。多くの政治家がデジタル技術へのリテラシーが低いような気がします。だから、国会のデジタル化も進まない。

源馬　これからは国会見学する子どもたちに、「国会はまだ1960年代のやり方が続いているレトロな場所なんだよ」と伝えなければ。

伊藤　それを伝えられちゃうと、ますます国会議員、政治家になろうという子どもたちが少なくなっちゃいます。

※三ッ星議員
レストランの格付けのミシュランにならい、非営利活動法人が国会議員の国会での活動実績を定量的に示し、☆で評価を表したもの。☆が多いほど国会でより多く仕事をしたことになり、最高評価は☆が3つ。

国防

「核を持つか持たないか」に行き着く

防衛論議ではなく、

心配して、備えて、ホッとする。

ここから国家防衛を考えよう

篠原 豪

重徳和彦

青柳陽一郎

日本の防衛産業を育てることは国防であり、成長戦略だ

重徳和彦（以下、重徳） 専門的な防衛、国防の話は篠原さんの専門分野なので後に託すとして、いま岸田政権が敵基地攻撃能力を含め、防衛費をGDP2％にするという話になっています。

財源論では政府の方針に強い異論があるものの、防衛力強化の方向性について、基本的に我ら直諫の会は賛成している。このように安全保障、日米同盟など、国防をめぐる環境が大きく転換しはじめましたが、そのなかで、私が一つテーマにしたいのは、この際日本の「防衛産業」をいかに育てるか、です。正確にいうと防衛周辺産業も含めて、しっかり産業化すべきじゃないか、ということ。

篠原　豪（以下、篠原） 防衛関連産業にかかわっている企業は約1万社あり、その多くが特注品をつくっています。ところが防衛装備品は海外に売れません。これまでに売れたのは防空レーダー1基のみ。日本の水上発着できる飛行機はかなり性能がいいのですが、世界標準の型式証明が取れていないので売れない。結局自衛隊しか顧客がいない。こういうところにも、実は問題があるのだと思います。

青柳陽一郎（以下、青柳） 現状、日本では防衛産業から撤退する企業が増えていますよね。そりゃそうでしょ。いま篠原さんが言ったように、買ってくれる先は防衛省だけで、仕様が特別だ

から他に売ることができないし、原価や利益率も厳しくチェックされますから、ビジネスとして成長する可能性が低い。

篠原　利益率は、実は平均7％を超えています。一般製造業の利益率が平均3％といわれていますから、けっして悪くないように見えます。でも、とにかく注文が細かく、仕様変更も日常茶飯事で、そのたびに担当者が呼び出されたりします。政府はメーカーにとって口うるさく面倒なクライアントなんですね。結果、トータルで見ると、けっして利益が高い良いビジネスではないとなります。

重徳　防衛産業なんていうとミサイルやレーダーなどをイメージするかもしれないけど、実はかなり幅広く、それこそ自衛隊員のヘルメットやゴーグル、バッグや靴、靴下まであります。日本でつくれば日本国内でお金が回るし、雇用も増える。

ですから、経営が厳しい国内の防衛産業を立て直すためには、まず、防衛力の根幹となる防衛技術や生産基盤を自前で維持することが基本です。その上で、日本が戦後維持してきた「平和国家」へのこだわりがむしろ強みとなるように、国際競争力を強化して、自衛隊以外の顧客を獲得することが肝要だと考えます。

青柳　そういう意味では、今回の防衛力強化の方向性が、日本の防衛産業を再構築する起点となるよう、予算の内容を精査する必要がありますね。

重徳　みなさんご存じだと思いますが、いま私たちが当たり前のように使っているものは、世界の歴史を見れば、軍需産業から生み出されたものが多いんです。たとえば腕時計、缶詰、カーディガン、トレンチコート、電子レンジ、ティッシュペーパー……。つまり、軍や戦地で便利に機能的に使えるものの開発やアイデアが、新しいイノベーションになるかもしれないし、後にその技術や仕組みやシステムなどを一般製品に転用すれば、企業にとってもこれ以上ないビジネスになります。

篠原　防衛装備品は買うのではなく、自国でつくる。早急に国内防衛産業で、需要の80％以上にすることが大事で、またアメリカや欧州とも対等に共同開発できるようになりたいものです。

自衛隊駐屯地の営舎、その多くで「クーラーが故障で使えない」ってどういうこと？

重徳　2022（令和4）年6月、〝自衛隊員応援議員連盟〟という議連を立憲民主党内につくりました。立憲民主党のイメージとは少し違うかもしれませんが、ほぼすべての議員が参加して、党内最大の議員連盟になりました。

議連設立のきっかけは、自衛隊員もさまざまな問題を抱えていて、たとえば訓練するにも弾がない、トイレットペーパーは自前で用意したものを使わなければならないといった、にわかには信じられない自衛隊員の劣悪な環境と処遇を改善しようということでした。

篠原　与党には〝自衛官支援議員連盟〟というのがあります。与党が〝自衛官〟に対し、我らは〝自衛隊員〟という違いがあり、ここがミソです。たとえば防衛省の職員の方々、彼らは〝自衛隊員〟なんです。つまり、我らの議連は背広組から予備自衛官まで、すべてを応援する。

青柳　いざというときに前線に向かい、災害時には国民救助のために働いてくれる。自衛隊員の処遇改善、働く環境を整えることこそが最初にやるべき防衛力強化でしょう。

篠原　議連が役割を果たせた実績として、議連が立ち上がった直後でしたね、気温が35度を超える猛暑日がありました。そのときに埼玉の朝霞駐屯地の自衛隊員が暑さに苦しんでいる、助けてくれないかといって話が私のところに。

最初、意味がわからず「どういうことですか？」とたずねると、クーラーが動かないと言う。夜8時前だったと思いますが、すぐに防衛省に連絡してクーラーをつけるようにと言いました。「わかりました。チェックします」となって、その後「大丈夫でした」と返事があったので、すぐに現場に確認したのですが「全然大丈夫じゃないです」と。もちろん営舎にクーラーは設置されているのですが、これが故障していて、動かそうにも動かないというのが現実でした。

青柳　で、「当然すぐに修理しなさい」と……。

篠原　ところがすぐに直せないというのです。修理費を見積もるとそこだけでも大規模空調設備の修理になって3000万円から4000万円の予算が必要で、今年度の予算はないから、来年度の再要求予算になると。そこで我々が頑張ってウィンドクーラーなどを用意してもらい、なんとかその年の夏をやり過ごしていただいたのですが。その後、あらためて国内全部の駐屯地、基地を調べてみると、そこら中の営舎でエアコン、クーラーが壊れていたんです。結局、大規模にとっかえなければならず、トータルで約400億円の予算が必要になりました。

重徳　篠原さんが指摘をしてくれたこともあり、我々が予算増額を要請して令和5（2023）年度で429億円の予算がついた。ただし、予算を取るところまでが議員の仕事ではなく、執行段階ではできるだけ金額を抑えながら目的を達する視点も重要です。一般競争入札にすれば実際にはもっと安くなるはずで、数億円、数十億円が余るでしょう。ところがこうした工夫をして余った予算はどうするのかと浜田防衛大臣に質問すると「使い切ります！」と堂々とおっしゃる。

岸田政権が閣議決定した敵基地攻撃。日本は現実的に装備できるのか

重徳　世論調査などからも、この数年、国民の国防や防衛に対する意識が高まっているのを感じます。朝鮮戦争、ベトナム戦争、米ソ冷戦時代、また60年安保、イラク戦争時に自衛隊の海外派遣などがあり、その都度防衛や自衛隊に対する議論が高まりましたが、それほどリアリティを感

じてこなかった。しかし、最近はほんとうに多くの人から「日本は大丈夫なのか？」「万が一の場合、自衛隊で護れるのか」と聞かれます。

青柳　国民の意識が〝平時〟ではなくなってきたということなんでしょう。事実、北朝鮮は核開発をし、頻繁にミサイルを撃っている。中国は覇権主義を鮮明にし、軍事費を増やし、脅威が目に見えて高まっていますからね。さらに隣国ロシアのウクライナ侵攻からはじまった戦争が未だ続いている。

重徳「心配して備えて、なにもなければホッとする」。これが国家防衛の鉄則。つまり、最悪の場面を想定しておくということがほんとうに大事になってきた。その一つに〝敵基地攻撃能力〟というのがあります。そこで聞きたいのは、北朝鮮が我が国を狙ってミサイルを発射する、中国が台湾に侵攻する……さあ日本は、我が国はどうするのか。なぜそういうことを言うか。これ、危機管理の要諦（物事のかなめ）だから。それに憲法も絡んでくるし。

青柳　もしも、北朝鮮が攻撃を目的に我が国に向かってミサイルを発射した場合、撃ってきたミサイルを撃ち落とすのか、それともミサイルを発射する兆候を確認したら、発射前に敵の基地を攻撃するのか。これがまさに国会で問われているところ。

重徳　北朝鮮は確実に日本にミサイルを着弾させる技術を持ちました。狙われたら、日本はかならず被害を受けます。いままでは日本が反撃しようとしても相手のところに届かないものしか装備していなかった。なので、理屈上少なくともやられたらやり返せるくらいの能力を持ちましょうとなりました。次に、やられてからやり返すというのだと、すでに被害を受けたことになりますから遅いという話。ならばと、発射されたミサイルが届く前に空中で撃ち落とす技術を持った。ところがそれが難しいかもしれないとなると、だったらミサイル発射の兆候をつかんだら、発射される前に敵のミサイル基地を攻撃してしまえと。

篠原　これから議論になりますが、まず前提として、北朝鮮が攻撃を目的にミサイルを撃つとすれば、1か所から1発だけを撃つということはまずない。もし本気で攻撃するなら、いろんな場所からいろんな種類のミサイルを一斉に発射する。そうなれば当然すべてを撃ち落とすのは不可能です。

重徳　とすると、自ずと敵の基地をたたく……ということ？

篠原　最初に、日本はアメリカ合衆国と日米同盟を結んでいることを前提にしなければなりません。日本の独自の防衛、単独での反撃の前に、同盟国のアメリカは日本が攻撃された場合、たとえ敵のミサイル発射基地が７００か所あろうが、すべてを一気に殲滅（せんめつ）させる作戦を実行するでしょう。そして、そのことは北朝鮮もわかっている。総攻撃されたら、国家の存続が危うくなります。なので、本気で日本を狙って発射してくることは現実的にはいまの段階では考えにくい。

青柳　そもそも日本を狙ってこない、というならいいのですが、そこは確証が持てないところで、重徳論を再確認すると「備えあれば憂いなし」で、相応の準備はしておかなければならないだろうということです。が、それでは危機管理として、ベストな備え、準備はなにか？　を考える必要がある。そこで撃ってきたものを撃ち落とすのか、発射元を潰すのか、そのために必要な装備はなにかを、これまで外交・防衛を専門的にやってきた篠原さんに問いたい。

篠原　日本は戦後一貫して専守防衛できましたよね。憲法の理念を体現した専守防衛というのは「来たものに対して攻撃」するものです。そしてその根底にあるのは、日米安全保障条約、日米同盟です。日本は護り、敵国への反撃はアメリカが行うということになっています。

重徳　よく言われる〝盾と矛〟の役割分担ですね。

青柳　ところが、２０１４（平成26）年、時の安倍総理が憲法の解釈を広げ、２０２２（令和4）年には岸田政権が「安保関連三文書」を閣議決定しました。これで日本が幅広く敵基地攻撃能力を有するとなりましたよね。

篠原　現実的なところ、日本が〝反撃能力〟を持っても、敵の基地をすべてたたくなんてできません。また日本の新しいトマホークミサイルでは北朝鮮に届くのに1時間以上かかりますが、北朝鮮の弾道ミサイルは10分強で日本に届きます。反撃能力というのはミサイルをただ1発持てばいいというものではなく、衛星やレーダーなど多くの周辺装備も必要になる。それらをすべて自前で装備できるかといえば、日本には技術的にも経済的にもほぼできない。ここをどうするか。

青柳　つまり、はなから日本は反撃などできなくて、飛んできたミサイルを撃ち落とすしかないと。しかし、国会では敵基地攻撃能力の必要性を議論している。これではかえって近隣諸国とのエスカレーションを引き起こしてしまうのではないか？　勇ましい議論ばかり先行することを憂慮しています。

日本の防衛力強化の背景に、米中のパワーバランスの変化

篠原　意外に知られていないのですが、抑止には2つ考え方があって、一つは懲罰的抑止、もう一つは拒否的抑止。どちらも安全保障用語ですが、懲罰的抑止というのは、相手よりも強力な報復能力を保持して、「攻撃したらとんでもない報復があるから止めよう」と思いとどまらせるもの。拒否的抑止は、「攻撃を受けた場合でも迎撃などで阻止して攻撃を断念させる」というもの。敵基地攻撃は確かに懲罰的抑止に入ります。が、そもそもミサイルの発射を阻止するための攻撃は限りなく拒否的抑止に近いものです。日本は拒否的抑止、つまり、ミサイル防衛（MD）によって相手のミサイルを撃ち落とすのが基本ですが、その延長線上にミサイル発射阻止があるといっても良いと思います。

青柳　拒否的抑止は、飛んできたミサイルを撃ち落とすということで、イージス・アショア（弾道ミサイル防衛システム）などを装備しようと……。

重徳　ところが、それでほんとうに防衛できるのか。となると、どうしても懲罰的抑止が国家防

衛の基軸になってしまう。

篠原　なので、防衛が議論になると、かならずといっていいほど最後には「日本も核を持つべきか否か」に行き着いてしまう方が多いんです。

重徳　防衛の話はいつも難しくなってしまう。有権者はもちろん中学生にもわかってもらえるように議論できればいいんだけどね。

青柳　同感。ただ、もう少し具体的なところでいうと、2023（令和5）年1月、岸田首相が訪米し、バイデン大統領と会って、日本の防衛費を増額することを約束して敵基地攻撃能力を持つことを表明。もちろんアメリカはこの方針を歓迎しました。以降、これまでの日米同盟が変わってしまうのか。このあたりはどんなふうに考えましょう。

篠原　防衛というのはパワーバランスです。片方が軍備を増強すればこちらも上げなければならなくなります。これまで「世界の警察官」と呼ばれていたアメリカですが、国力が下がってきたなかで、中国などが驚異的なスピードで軍事力を増強している。ウクライナ戦争や中東地域にも力を使ってきたこともあり、首が回らない状態のアメリカはいかんともし難く、その分を日本にも専守防衛の範囲で防衛力増強を求めたわけです。これで日米同盟が変わるのかどうか、基本的役割分担まで変わるとは簡単には思えないわけです。

また、敵基地攻撃能力保有の背景には、中国が配備する2000発の中距離ミサイルに対抗するため、米軍が第一列島線上におなじ中距離ミサイルを配備しようとしていることも理解する必要があります。米軍が矛の役割を果たすということですが、新たな配備は沖縄の負担を増やすことになりますから、自衛隊が自らその矛の役割を分担することで、米軍のミサイル配備を少なくすることは、沖縄の負担軽減になります。ですが、単純に盾と矛の役割に固執することが正解とはかならずしも言えないと思います。

重徳　日本は新たな防衛戦略として敵基地攻撃能力の保持を掲げているけど、政府の説明はこれも抑止力だと。相手も「やられる」と思うとやって来ないだろうという抑止力のために、いざとなったら相手の基地をたたく能力を持つと宣言したわけですね。

篠原　敵基地攻撃能力という単語が戦争を想起させ、拒否反応を示される方も多いのですが、遡れば、1956（昭和31）年に、誘導弾などによる攻撃を防御するのに、他に手段がないと認められる限り、誘導弾等の基地をたたくことは、憲法上認められることが政府統一見解で示されてきているんです。しかし、日本は敵基地攻撃能力を持たずにきました。

青柳　敵基地攻撃は合憲だとしてきたのに、敵の基地に届くようなミサイルを持たないという政策決定をしてきた。それを今回ひっくり返し、反撃能力を持つと。

重徳　憲法上許されるという解釈なのに、敵基地を攻撃する能力を持たなかったのは、日米同盟、日米安全保障条約があったからです。ところが、アメリカも自国のことで手一杯になったから、日本が自分たちで反撃しようとなってきた。これはやっぱり専守防衛からはみ出すケースが出てくるんじゃないのかな。なのに政府は「これまでとなんら変わらない」と言う。

篠原　問題は最近のミサイルは変則軌道になり、多数のミサイルを一斉発射できる能力を備え、正確に目標に着弾し、さらに奇襲攻撃もあり得るという点です。これにミサイル防衛システムは対応できないというのが現状です。

重徳　そこで、政府は万が一の場合には「攻撃する」と言っています。

篠原　「敵のミサイル基地に〝直接〟攻撃できるスタンドオフミサイルを持つ」と。

重徳　盾と矛、日本は盾だったのが、一部矛の役割を担うことにならないのかな。

篠原　日本がスタンドオフミサイルを持つと、相手国はやられるかもしれないと、攻撃を控えることになります。より強い盾になると考えられます。

青柳　ところが……この10年どういうことになってきたかというと、軍備、軍事のエスカレーションが起こってきました。たとえば新たな抑止のために日本がスタンドオフミサイルを装備すると、北朝鮮や中国はそれを上回るミサイルを増やします。こうしたエスカレーションを誘発してきたという指摘もあります。抑止にならず、むしろ危機を高めたのではないか。これに対してはどう答えましょう。

篠原　エスカレーションのはじまりは1998（平成10）年、北朝鮮がテポドン1号を発射し、弾頭部分が日本上空を越えて太平洋上に落下したことです。これで他国から直接日本にミサイルが飛んでくるというのが現実的になりました。これを契機に日米で、ミサイルでミサイルを撃ち落とすというミサイル防衛システムの開発を進めました。その後、2003（平成15）年にアメリカが開発した海上配備型のSM3、陸上配備型のPAC3を購入し、2006（平成18）年から配備しました。つまり、日本は他国の軍事に対抗しているだけで、軍事エスカレーションを誘発したとは思えません。

重徳　だから我々は、いまの日本の防衛力強化の方向性について基本的に賛成しているのです。

戦争がどれほど悲惨かを伝える、これも国防の一つになる

重徳　最後にどうしても話しておきたいことがあるんだけど。

そもそも防衛について話す前に、戦争の悲惨さを国民が知らなければならない。戦争がどんなものなのかを、しっかり語り継ぐことを政府が主導してやらなければならないと思っている。私が学生のときに先生が「私は戦争を経験しているから、もし国がまた戦争に向かうようなことになったら、なにをしても反対するけど、いずれ戦争を知らない人たちばかりになると、どうなるかわからないよ」と。

戦争を知らないのは平和であるということなんだけど、戦争したらどうなるのかということをできるだけリアルに想像することが大切でしょ。戦争体験者の方々ももう90歳代だし、その方々

の生の体験談はやっぱり語り継いでいかなければならない。彼らの話を聞けば、戦争はゲームや映画とはまったく違う、より恐ろしく悲惨なものだとインプットできるはずです。それがあって、そんなことにならないように防衛力を整備しておく。そのための増税は仕方ないよねといった、覚悟を持った防衛力整備をしなければならない。

ところが、いまはただ防衛費を2倍にしますが、税での負担は求めませんと言っている。しかし蓋を開けてみれば赤字国債を発行して将来にツケを回すやり方。これは絶対に間違っている。ほんとうに現在の防衛力を高めるなら、現在の人が負担するのが筋です。

篠原　恒久政策は安定財源が基本です。

重徳　我が党は増税反対と言っているけど……。

青柳　自衛隊営舎のクーラーの予算も余ったものは使い切る、というのもそうだけど、装備品もアメリカから言われるままに、見積なし、納期不明で前払い、さらに必要ないものや古くなった武器まで買わされていて、これらに税金を使い、赤字国債発行するというのでは、少なくとも私は納得できないし、国民に説明できない。

重徳　日本は世界で唯一の戦争被爆国です。言葉を選ばずに言えば、戦争の悲惨さ、核の恐ろしさを知ることができる負の遺産を持っています。たとえば義務教育中に広島・長崎、地上戦で島民の4人に1人が亡くなった沖縄での体験学習も必要になるでしょう。

政治家は、世界の現実に正面から向き合って防衛力強化の是非を考えることが仕事ですが、その背景には「戦争を絶対に起こさせない」という強い決意がなければならず、戦争や核兵器使用こそが人類最悪の愚行であることを国民と完全に共有しなければならないのです。

篠原　「侵略」は国際法のもっとも甚だしい違反行為です。ロシアがいま、ウクライナ領土内に軍隊を投入して武力行使をやっているのは、まさに侵略ですが、我が国は、自衛隊法を制定する際、「海外派兵」を禁止して、その歯止めとしました。我が国の防衛の基本方針である「専守防衛」は、それをもっと戦略的に実現しようとする概念だと考えます。

しかし、専守防衛は、日米同盟がなければ実行不可能です。実は、憲法制定時には、国連による集団安全保障体制がその役割を果たすことになっていました。なぜなら、国連憲章4条1項に明記されているように、国連は「平和愛好国」の組織に他ならず、また、憲法前文には、その「平和愛好国」の国民の「公正と信義に信頼して」と明記されているからです。

ただし、米ソ対立によって、国連軍すら組織されなかったので、日本が独立する際、国連による集団安全保障が実現されるまでの間、日米同盟がその役割を代替することになりました。

ですから、私は、「専守防衛」と「日米同盟」が、我が国の防衛政策の基本であることを確認することが「戦争と平和の問題」を考える起点だと考えます。そして、その上で、その時々の課題を、国民を巻き込んで議論して、柔軟に対処することが大切だと考えています。

外交

議員外交は、国会議員の重要な仕事！

多層的、重層的に人間関係を構築し

世界に日本ファンをつくっていく

桜井　周

青柳陽一郎

源馬謙太郎

現地で高く評価される日本のＯＤＡ。なのに国内に成果が正しく伝わっていない

桜井 周（以下、桜井） 最初に、そもそも外交ってなに、というのを共有しておきたいのですが。その前に一つ、２００３（平成15）年のイラク戦争時にこんな話がありました。

多国籍軍の司令官が、地元の宗教指導者のところへ対話のために出向いたところ、住民の方たちは自分たちの指導者が「アメリカ軍に連れていかれてしまう」と勘違いして、集まってきちゃった。そうすると、司令官と一緒にいた軍の兵士たちは攻撃されるかもしれないと危険を感じ、威嚇射撃の態勢に入りました。そのとき、軍司令官が、クリストファー・ヒューズという名ですが、彼は兵士たちにこう言いました。

「Smile Everybody smile!（みんな笑え！）」

司令官の命令ですから、兵士たちは笑いました。こうしてみんなが笑顔になると、警戒していた住民たちも、彼らは友好的で指導者を連れ去りに来たのではないと理解し、笑顔を返し、その場の緊張が解けた、というエピソードなんですが、ここから得られる教訓は、銃を振りかざしたりするのではなく、ただ笑う、笑顔を見せることのほうが有効だということだと思います。

源馬謙太郎（以下、源馬） おもしろいエピソードですね。

桜井 もちろんスマイルだけですべて片づくわけではありませんが、有効な場面もあることは、

外交を語る上で重要だと思います。

政治は、そもそも人が幸せになれるような環境をつくるお手伝いをする、それが役割だと思っています。その〝人〟というのは、もちろん日本の政治では日本人が中心にいるのですが、基本は世界中の人を指しているんです。そこに〝お互いさま〟があって、相手を尊重し、こちらも尊重される。これを外交にどう落とし込んでいくのか。

源馬　私は、紛争予防のNPOに勤めているときに、外務省からカンボジアで武器の回収のプロジェクトをつくってほしいという要請があり、カンボジアへ行きました。

当時のカンボジアは紛争、内戦が終わって30年ほど経過していたころでしたが、その爪痕として、武器がまだ各家庭にあるというような状況でした。そこで、〝Weapons for Peace〟というスローガンの下、この村の家庭にある武器を全部出してくれたら、日本のODAで学校を建てます、病院を建てます、というプロジェクトを行い、4年間で1万2000丁の武器を回収しました。

いま中国がODAなどに力を入れていて、援助額で言えば対カンボジアも中国がトップになりました。そうすると、やっぱりカンボジアの人たちはだんだんと中国の方を向くようになってきてしまっています。お金には限りがあるけど、お金以外のソフトパワーを使っていけば、まだ日本にも向いてくれるでしょうし、まさにそれが大事だと実感しています。

桜井　ですよね。で、そもそもなぜ日本がカンボジアで武器回収を行ったのでしょう。

源馬　実は、EUがおなじようなプロジェクトをすでにやっていた。ただEUのプロジェクトは

“Weapons for Money”で武器を出してくれたら少額のお金を出しますよ、というものでした。そこで、日本はもっとカンボジアのためになるプロジェクトをしようということで、“Weapons for Peace”をやろうということになったんですね。日本にはEUにはない交番というシステムがあります。カンボジアの人たちからすると、もし武器を出してしまったら自分の身が守れなくなると思うわけです。そこに交番システムを供与し、安心して暮らせるようにしますよ、と。これで、現地の人たちは安心でき、我々のプロジェクトの意義を理解し協力してくれました。

桜井　少し話が変わりますが、現在もウクライナで戦争が続いています。戦争はドーンと攻撃して簡単にはじまりますが、実は戦争を終わらせて平和な社会をつくる、平和構築という言葉になりますが、これが大変で、いったいそれを、いつ、だれが、するのか。源馬さんが関わった武器回収で言えば、東ティモール（民主共和国・東南アジア）、シエラレオネ（共和国・西アフリカ）などでも、日本主導でやってきました。つまり、平和構築は日本ならではの役割だと思います。なぜか。日本はどこでも紛争当事国になっていないからです。もし日本が、どこかと一緒になって戦争や紛争の当時国になると、終戦後、紛争後の後片づけをする国がなくなってしまう。世界のためにも、この日本の立ち位置は重要です。

青柳陽一郎（以下、青柳）　そもそも我々は国会議員ですから、その役割として議員外交があると思っています。

外交は政府や外務省だけがやるものではなく、議員が多層的、重層的にいろいろな人間関係をつくっていく。永田町で外交は金にも票にもならない、と言われますが、外交こそ人と人のつながりや関係が問われる。正直、国会の日程や選挙を考えると大変ですが、それでも国会議員は積極的に議員外交をやっていかねばならないと思っています。

桜井　その通りです。政府が出ていってもうまく行かないこともありますが、個人の築いた関係が国を動かすこともあり得ますから。

青柳　外交には協力と圧力が必要だと言われます。協力というのはお金と人、圧力は軍事力。日本は、憲法があり、圧力外交は現実にはできない。自ずと協力、お金と人、つまりＯＤＡを使って外交をしてきた。ところが、日本経済が落ち込んで、ＯＤＡ額も減っています。これもなんとかしなければ。

　日本のＯＤＡ、人的支援は、現場で高く評価されているんです。が、残念ながら国際的な評価、いや国内でそれほどの評価を得られていない気がする。もっと実績や現場の評価をアピールするべきじゃないか。

　今後は全体の予算が減っているので、選択と集中を進めるしかなく、これからのＯＤＡのあり方と、ソフトパワーの強化をどうつくるのか。そこでのプレーヤーはＪＩＣＡや民間のＮＧＯ／ＮＰＯなどになるでしょう。と同時に、国としては大使館、領事館をどこに設置していくか。どこにどう人員を配置していくか。これも問われていく。

源馬　ソフトパワー、外交は、我々がその役割を担えますね。

青柳　もう一つ。これは安全保障になるかもしれないけど、日本のＰＫＯ、平和構築で自衛隊が派遣されたときに、戦地や紛争地から少し離れたところで自衛隊が行った社会インフラ構築、これも現地ですごく評価されているわけです。ところが、やっぱり日本国内で評価されていない。というか、まずこうした活動が行われ、どんな成果を挙げたのか、知っている人がほんとうに少ない。なので、まずは国民に知ってもらい、理解していただく努力が必要です。そうすればもっと活動の幅を広げられるでしょう。

桜井　青柳さんも直接多くの活動を行って来られています。

青柳　振っていただいたので、実際私がなにをやっているのかを少し話します。

まず、２００６（平成18）年、科学技術大臣の政策秘書だったときに、日越（日・ベトナム）科学技術協力協定という条約の策定に関わりました。その際、実際にベトナムへ行って、協定書に署名するのですが、それこそソフトパワーで文化交流を一緒にやろうと仕掛けたんです。日本の映画、アニメ、スポーツ、ライブエンターテインメント、ダンス、茶道、ちぎり絵展など、日本を広く知ってもらうための大規模なイベントを主催しました。これがすごくうまくいった。するとベトナム政府から、今度は日本でベトナムのイベントをやって、ベトナムの魅力を伝えてくれないかと依頼され、日本の外務省もこういう文化交流はぜひ続けてほしいとなり、後に共同宣言にも盛り込まれましたが文化交流事業を継続して行っています。

日本のＯＤＡはお金を出して終わりではなく現地の人たちと一緒に汗をかくから技術を残せる

桜井　源馬さんは外交というものに対して、どんな思いや考えがあるのでしょう。

源馬　日本一国では絶対に生きていけないし、世界がこれだけグローバル化しているなかで、当たり前ですが、各国といい関係を築いていかなければならない。そのために個人個人でつながりをつくったり、国と国でどのようにつき合えるかを模索するのが大事なこと。なんらかの目的を持った交渉や条約締結、あるいは国際会議とは離れたところで、直接の利害のないところでつくるつながりは、すぐになにかが生み出されることはないでしょうが、いうなら薬ではなく、健康を保つサプリメントのようなものだと思っています。

そのなかで、アメリカや中国は当然大事なんだけど、むしろ小さな国にも注目したいと思っていて、先日オーストラリア大使がおっしゃっていましたが、小さな国ほど大事にして味方をどんどんつくっていくことがオーストラリアの戦略だと。モルドバ（東ヨーロッパ）大統領や大使とお会いしましたが、これまであまり関係を築いてこなかった国との関係も大切にしていきたいと、党の国際局長の立場にいるいま、個人的に思っています。

桜井　私は大学を卒業して、当時の海外経済協力基金（ＯＥＣＦ）に就職し、後に国際協力銀行（ＪＢＩＣ）という名前になるのですが、そこで円借款の仕事をしていて、フィリピンやインドネシアを担当していました。その他、総務部総務課にいて、国会対応もしていました。なので、質問される側のしんどさも経験しています（笑）。そのなかで、日本のＯＤＡは単にお金を貸した、というだけでなく、日本の技術者が現地の人たちと一緒に泥にまみれて活動する、そこで技術を伝える、というものだと理解しました。

具体的に言うと、インドネシアのジャワ島のブランタス川はかつて〝暴れ河〟でしたが、河川改修して、水の流れを整えて治水をやり、周辺を広大な穀倉地帯にしました。お金を出して、工事して、はい終わりましたではなく、農業工学の技術者たちが現地に入って、インドネシアの人たちと一緒に整備をしたのです。そのときここで日本の技術を学んだ現地の技術者たちがインドネシア各地に行って、インドネシア全体の農業発展に大きく貢献しました。

プロジェクトにはお金が必要だけど、そこには絶対的に人的交流が必要で、一緒に開発をして技術を伝えていき、その先につながっていく。これが日本のＯＤＡの素晴らしいところだと思う。

源馬　まさに、ＯＤＡ冥利に尽きる……。

桜井　反対に、中国がやっているのは、中国から人も連れていって、中国のお金と中国の人だけで道路などをつくる。現地の人たちからすると、突貫工事でやるから早くできていいんだけど、人的交流もなく、結果、借金だけ残ったと。日本は手間暇かかるけど、つながりというところでは現地に技術やノウハウを残している。

青柳　残念なことに、いま中国とは、国と国でなかなか理解し合えないようになっています。でも人と人はわかり合える。国益が対立して関係が膠着（こうちゃく）しても、対話できる人間関係はつくっておかなければならない。それが我々の役割でしょう。

源馬　それでいうと、我が党には中国に強い人が少ない。とくに我々世代になると見当たらない。それも課題ですね。

言葉の壁がなくなれば新しい外交のスタイルが生まれる

青柳　私が外交を一言で表すなら「共存共栄」。途上国、とくに東南アジアで、まだ裕福ではない国を応援し、発展をサポートする。やがてその国が発展し、人も育ち、企業も育ち、国民も裕福になってくると、日本のモノを買える国になる、つまり貿易相手国となる。さらに日本と技術協力ができる国になるかもしれない。そして外交や安全保障面で協力し合えるパートナーになれば日本の国益にもなるし、相手国にとっても国益になる。このような共存共栄を目指していくこと。これが外交の目的だと考えているし、ＯＤＡはそのためにあって、ソフトパワー外交もそのために欠かせない。

いま日本では労働力が不足し、２００万人に迫る外国人労働者がすでに日本にいます。そうした方々にも制度を整えて、地域コミュニティの一員として活躍してもらう。そしてまた、日本で身につけた技術やシステムを国に戻って広げていただく。その一助になりたいと思っています。

源馬　あらゆる分野がテクノロジーによって大きく変化し、時代まで変えてしまっている今日。重徳さんが言っていたのは、「英語圏ならまだしも、アジアにはたくさんの言語があって、自ずと言葉の壁があった。だからお互いを理解する入口の会話が成り立たなかった。ところが、テクノロジーが言葉の壁を取っ払って、もうすぐ世界中のだれとでも話せるようになる。そこに新しい可能性がある」と。ドラえもんの『ほんやくコンニャク』です。まさにその通りですよね、パラダイムシフトしているんですよね。青柳さん、桜井さんが話していたように、関係性を築くということを考えると、言語のテクノロジー以外にも新しいものがどんどん生まれて、新しい取り組みができるようになりますね。これまでの外交のスタイルが変わって、新しいスタイルをつくれるでしょう。

桜井　デジタルテクノロジー分野では、日本はアメリカの後塵を拝しましたが、その技術をどう使っていけばいいのか、正しいのかを示す余地はあります。これからの議員外交でも活用していけるでしょう。

源馬　私は海外に〝日本ファン〟をつくることも外交の大切な役目だと思っています。たとえば私と重徳さんがアメリカ国務省から招待されたこともありましたが、いろいろな国の議員や民間人、中には各国の議員秘書などのグループもいて、同時に何か国もの何グループもの人たちを招待している。歓待され、アメリカのいろいろなところを見て回れば、アメリカファンになるわけですよ。こういうのも外交の一つで、日本人のことを多くの国の方たちにもっと知ってもらえば、日本のファンをつくっていけます。

青柳　少しネガティブになるけど、たとえば、留学先に日本を選んで来てくれたのに、つまらない思いをしたり、寂しい思いをして帰っちゃう人もいる。働きに来た人もおなじで、そこのホスピタリティというか受け入れ環境は、日本はまだ整ってないということも聞きます。日本特有の〝村社会〟的なところがあるんですね。やっぱり日本を選んでくれた人は日本のファンなわけで、その人たちを大切にしなければ。

桜井　我々やODA関係のスタッフたちが海外でファンづくりをしている一方で、日本に来てくれた方々の夢や希望を奪っている。

青柳　留学生や労働者が、日本で差別されて路頭に迷って悪事に走ったり、最悪自殺してしまうのを見過ごさず、そうならないように制度を整え支援する。そこに税金を投入するほうが、コストという面で見ても、はるかにメリットがあるんです。そう言うと、「なぜ俺たちが困っているのに、外国人を優遇するんだ」「国民が苦しんでいるのに、どうしてODAで支援するんだ」という国内からの批判が、かならずある。しかし、日本の国益のため、必要だという説明を尽くしていかなければなりません。

桜井　国際政治は、外交ルートでの関係構築だけではありません。さまざまなレベルで政治的なパイプを構築しておくことで、国同士の交渉では前に進まないときでも、別のルートで問題をほぐして解決への道筋をつけるような工夫が必要です。外務省が行う外交はもちろん重要ですが、それに加えて議員外交も重要です。

たとえば、アメリカには連邦議会の傘下にあるＮＥＤ（National Endowment for Democracy／全米民主主義基金）が、国務省とは別に世界各国で民主化を支援しています。民主主義を担う議員や市民団体などを対象にセミナーを現地で開催し、またアメリカに各国の議員を招聘（しょうへい）して研修を行うなど交流を深めています。

また、ドイツには、政党に関連する財団（フリードリヒ・エーベルト財団、コンラート・アデナウアー財団など）があり、国際社会の中で民主主義、人権、法の支配、自由経済などを広める活動を行っています。とくに、担い手となる各国の議員や市民団体などと交流を深めています。

私自身、アメリカのＮＥＤやドイツの財団の招聘で、アメリカとドイツを訪問しました。我々は世界市民の平和と繁栄のために活動を展開しています。こうした活動を広く世界に展開するための組織が日本にも必要と考えます。

テーマ

山国ニッポンと農林漁業のこれから

山のある自然と、農地の田畑は、

私たちがずっと大切にしてきた“日本人のこころ”。

開発は終えて、国土と食の安全保障のため、

保全に向かわねば

森田としかず

×

中島克仁

×

重徳和彦

荒れた山は災害を引き起こすこともある。適度に人が手入れすることが、人にも山にも必要

森田としかず（以下、森田） 国土問題を考えるなか、いくつか主要な問題があります。まずは問題点を確認しましょう。

重徳和彦（以下、重徳） 私が最初に問題として取り上げたいのは〝山〟です。というのも、日本の国土の3分の2は森林で、そもそも日本人は山と一緒に暮らしてきた歴史があります。ところがこの半世紀、日本列島改造という名の下に、みんなが高度経済成長の恩恵を受けようと、都市に出て来てしまった。これがいま、いろいろな問題を引き起こしています。

中島克仁（以下、中島） 私の地元は山梨ですが、南アルプスの天然水、富士山のバナジウム天然水など、豊富な水脈を持つ土地なんです。

そして、山梨県は森林占有率が78％。そんななかで生まれ育ったので、山が傍にあるのは当たり前。もちろん東京にいると忘れるけど、地元へ帰ると山のよさを感じます。なので、山の問題は重徳さんに言われるまでピンとこなかった。

森田 たしかに、都会で生まれ育った人と、山がすぐ近くにある環境下で生まれ育った人では、問題意識が異なるかもしれません。

重徳 山の問題というのはそのまま災害の問題になるのですが、２０１７（平成29）年、九州北

部豪雨が、大分や福岡にとてつもない被害を与えました。災害の直接の原因になったのは発達した梅雨前線によって発生した、線状降水帯による集中豪雨でしたが、雨によって山が崩れ、土砂とともに流れ落ちた樹木が川をせき止め、洪水を引き起こしました。このとき、ある村長さんの「これは山を荒れ放題にしてきたことが大きな原因だ」というようなコメントを聞きました。

中島　日本の山や森林は、人が入って手を入れていましたよね。木々が密集すれば日当たりが悪くなるので、計画的に間伐したり。

重徳　まさに、山をしっかりケア、メンテナンス、人が手を入れて保全していれば、防げた災害だったかも、ということ。もちろん地球温暖化によって環境そのものが変化し、集中的に豪雨を降らせるなども大きな要因ですが、平地を災害から守るためには、山を保全しなければならない、ということを思い知らされました。なぜなら、もう一度言いますが、日本は3分の2が山だからです。つまり、いま手を入れなければ、今後もこのような災害が起こる可能性がないとは言えない。

中島　災害で言うと、ハッキリしたデータはいま持ち合わせていないけど、武田信玄公のころはよく川が氾濫し、信玄堤がつくられたけど、ここ数十年、山梨は台風災害や豪雨災害などがひじょうに少ない。それは森林保全ができているからだと思っていて、まさに自然保護と同時に災害対策として森林を、山を守るというのは大賛成。ただ、植林の伐採などなら、切った木を材木として お金に換えられるけど、保全は自治体や国の予算を使うことになる。

森田　とはいえ、国土の3分の2の森林こそ日本の資源です。山から流れる水が川になって、その川をせき止めて水資源を得て、工業用水に使ったり農業用水に使ったり、もちろん生活用水にも使ったり。砂漠化が深刻化している世界から見れば、四季があって、定期的に雨が降り、山にちゃんと緑があるというのは珍しく、干ばつと洪水を繰り返す国からすると羨望の的でもあります。

そして、日本はずっと資源のない国だと言われてきましたが、山、森林、水というすばらしい資源を有しているんですよね。なので、これを活かした国づくりをしていきたいと考えています。そのためには先ほど話に出た保全、管理をどうしていくのか。これまではどちらかというと開発の時代があり、いまはまた人口減少から山村が限界集落化しているなか、限られた財源をどう使っていくのかも含めて、どこをどのように、どんなカタチで守っていくのか。

重徳　人工林などがとくに問題なんですよね。人間の都合でいろいろなものを植えて、山を本来の姿ではなくしてしまった。植林した木、スギやヒノキを伐採して材木にすればまだいいけど、林業が衰退していて、そのまま放置されているところも増えている。いったん放置されてしまうと、元の自然の山に戻すのは難しいですからね。

中島　森田さんが言われた通り、山を中心とした自然はたしかに日本の資源です。これまでは開発の対象だったから、たとえば木材需要が減ると間伐しても間伐材が売れないから、切り出しても損をするだけ。だから放置しています。そこの視点を資源維持や資源保護に変えて、補助金などをつけたりすれば、まだまだ間に合う。

森田　一方では、アウトドアブームもあって、近年では日本の自然、山や川も観光資源になっています。欧米からの訪日客も日本の山の魅力を感じて、ハイキングやトレッキング、あるいは単に山や森林の風景を見る目的でやってきますから。日本人が気づいていない魅力を、外国人が見つけているんですね。

山のなかで暮らしたい人たちを応援し、たくさんの山に小規模なコミュニティをつくっていく

重徳　先日、山の中の湿地の保護をしている団体の活動を見学に行ったのですが、マイナスイオンが漂っていて、明らかに気持ちが良くなるんですね。もし、そういう場所の近くに生活できる場があったらいいと感じました。たとえば、学校、医療機関を設けて、小さなコミュニティをつくれば、山の管理を仕事としてやるような若い家族も来てくれそうだし。

森田　そこはほんとうに時代が変わって、ネットがありますから。たとえばお子さんのいる方でも、ネット回線さえ整えれば、ネットで授業が受けられるし、中島さんが提唱している〝かかりつけ医〟とネットでつながれれば、病気や医療の不安も少なくなりますよね。なによりライフス

タイルも多様化していて、東京一極集中から分散化していますから、林業をやりたいという若者も実際にいますし、限界集落の古民家をリノベーションして、自分たちなりの田舎暮らしをはじめる若い夫婦やグループ、外国人だっています。

中島 コロナで、オンラインで会議や授業、あるいは医療相談・診察ができることがわかった。

森田 エネルギーということでも、これまでのやり方は大規模に発電して一斉に送電して、というものでしたが、いまのような自然のなか、山のなかの小規模のコミュニティなら、薪を使ったり、水を使ったり、そうした自然エネルギーを組み合わせれば賄えるでしょう。そういう生活ができるよう規制緩和をする、行政の仕組みを合わせていくということが必要です。

中島 あえて課題を提起するとすれば、この件にかかわらず、行政も政治も、どうしても先にできない理由を探し出してしまう。そこを我々が、できる方法をどんどん提示してやっていかなければならない。

森田 日本は安心・安全などを法律で求めるあまり、どうしても動きが遅くなる。特殊なことは「特区をつくってやっていい」と言いますが、そこにも限界があると思っています。だから、明治以降、これだけの近代国家になったのだから、最低限のところだけ法律を用意しておいて、後は一律、一括のような縛りを一度外し、それぞれの市町村で自由にやってくださいとなればいいのですが。東京23区と地方の山のなかの村でおなじ話をするのはおかしいですよね。

中島 少し話は逸れるけど、ほんとうに馬鹿げた笑い話にもならないことがあるんですよ。たとえば、私のところの山梨の山の方に道路整備予算をつけました。ところが、予算がつくのは歩道もある道路。そもそもだれも歩かないから、歩道なんて必要ない。気づいている方もいると思いますよ、地方の山道をクルマで走っていて、こんなところにも歩道があるっていう道路があることを。もちろん歩道はあっていいのですが、片側一車線の二車線道路の、両側に歩道ですよ。補助金の仕組みが全国一律だから、こんなことが起こるんです。

森田　都会のスペックをそのまま山村にも流用しているからですね。それと、一つ大きな懸念は、この日本の大切な資産がいま、外国人、外国企業にどんどん買われているという事実。日本人はどこでもきれいな水が飲めるので気づいていませんが、世界的な視点で見ると水は価値の高い資源だから、買われているのは水源のある山林なんです。

中島　そこはすでに問題になっているけど、法的な規制ができていないのが現状で、国土と資源を守るための喫緊の課題だね。

食の安全保障のために必要だから〝国立農業公社〟を設立すること

重徳　次のテーマ、食料自給率の話です。農水省は２０３０（令和12）年度までに、供給熱量べースの総合食料自給率を45％、生産額ベースの総合食料自給率を75％に高める目標を掲げていますが、これはかなり希望的数値だと思います。いずれにしても、いま現在も自前で用意できる食料が足りていません。

森田　そこは大きな問題として、ずっと言われていて、農業政策もうまく行かず、改善されていません。

重徳　エネルギーと食料は生きるために大事なものです。場合によっては、この2つが戦争を引き起こすことだってありますから。

エネルギーは、いくつかありますが、電力会社という大企業が人もインフラも抱えて、集約的に事業としてやっています。なので、脱炭素化や資源などの問題は多々あるにしても、事業者が消えてなくなることはありません。一方、もう一つの重要な食料に関しては、国内の生産者、農業も酪農もほとんどがファミリービジネスです。もし、後継ぎが都会の大学を出て、たとえばIT系のベンチャー企業に就職したとなると、農家の収入よりもはるかに大きな収入を得るわけです。もう農業には戻りませんよね。そうすると、高齢の夫妻だけでは続けられなくなって廃業し、農地は耕作放棄地になります。

中島　東京や都会では「ふーん」という感じかもしれないけど、地方では「〇〇さんちも、いまのを収穫したら、もうやめちゃう」っていうのをよく聞く。だいたいが、後継者がいないというのが理由。

重徳　そうなんですよ。もちろん肥料や飼料が高騰したり天候不順で収穫量が減るなど、総合的な理由になるけど、農家は減っています。

先日の食料・農業・農村基本法改正のための検討資料のなかで、農水省は「今後20年で、基幹的農業従事者が現在の120万人から30万人へと4分の1に激減する」との見通しを示しました。おそれていたことが現実のものとなってきました。

もう一つ、日本全国の中山間地は、見捨てられているとまでは言いませんが、ほとんど目を向けられていない。たしかに、資本の論理、民間の論理で、こういうところに手を入れるのは難しい。しかし、だれかがなんとかしなければならないのは間違いない。そうなると、やはり国がなんらかのカタチで司ることもありだろう、というところから、〝国立農業公社〟の設立を提唱しています。農業と縁のない都市の若い人たちが、一般の企業に就職するのとおなじように、農業をするために国立農業公社に就職する選択肢をつくる。そしてまずは中山間地域を中心に公社から人材を派遣して、林業を含め耕作放棄地になりそうなところを、国を挙げて守る。

森田　民間企業で農業にチャレンジしているところもありますが、規模はそれほど大きくないですね。

中島　いま、農薬散布にドローンを使ったり、ビニールハウス内の温度管理や散水などをコンピュータ管理したり、〝スマート農業〟なんていうのも出て来て、若い経営者にアピールしているけど。

重徳　たしかに、農業のスタイルも変化しはじめているし、こういう話をすると、時々言われるのが、県の農業公社、市の農業公社など、各地域でいいんじゃないかと。しかし、ナショナルミニマムと言われている食料自給率を、いかに早期にマキシマムへ持っていくかが重要なテーマになっている。足りないものは買えばいいという、経済大国時代の発想はもう通用しない。

森田　ここでも中国が、まさにマグロなどをどんどん高値で買い入れ、日本が市場で買い負けているというのもありますし、円安もネガティブな要素になっています。

重徳　これからは自前で食料をつくらなければ、いつか日本人が飢えることになる可能性だってある。だから、まずは農業が安定した〝業〟になるようにする役割も備えた国立農業公社が必要ではないかと。これまでは農協が政府の代理のような役割を担っていたところがあるけど、農協の地域ごとの取り組みでは不十分です。財源はどうなんだ、と言うと、農水省のさまざまな既存の補助金がべらぼうにあります。

中島　私は国立農業公社案、いいと思います。そこで、食料自給率もそうだけど、私は食の安全というところに興味を持っていて、心配している。自給率は大事だけれど、だからと言って、口に入ればなんでもいいということではない。安全なものを安心して食さねば。そういう意味で、国産の安全な食料が増えるのは大歓迎。

たとえば遺伝子組み換え、添加物などモニタリングして規制しているけれど、私が医師として見ていて気になっているのは、子どものみならず大人まで、アレルギーを持っている方が実に多く、また増えていること。私だってその一人なんですが、なぜ？　といろいろな視点で見たところ、海外からの食料の輸入が多いというところから、いくつもあるアレルギーの原因の一つに、輸入食品があるのではないかと。残念ながら、輸入の食品や食材を避けようと思っても、現在の食生活を考えると、ほとんど無理でしょう。だとすれば、まずは安全な食料をできる限り自前で確保することが大事になる。とくに子どもの食の安全は、是が非でも確保しなければならない。

そして次のステップで食育。これがしっかりできれば、成長した後のいわゆる生活習慣病の高脂血症、高血圧などのリスクを大きく下げることができます。さらにその延長、人生１００年時代の高齢者が抱える摂食嚥下障害の予防にもつながります。

森田　食に関して言えば自給率の量と〝安全の質〟ですよね。

中島　そこに、学びとしての食育。

森田　医食同源ですね。

重徳　食の安全で言えば、たとえばアメリカ、オーストラリアの牛豚はホルモン剤を投与され、急成長させられている。成長が早いから育てるのが楽で、その分コストが下がるので、価格も抑えられる。それを日本は安全性はさておいて輸入していて、売場に並べられる。もちろん日本の畜産業はホルモン剤など使わず、手をかけて育てている。だから価格も輸入ものに比べて高い。さあ、どっちがいいですか、ということなんですが。スーパーで売られている輸入肉には、ホルモン剤やどんな餌を使っているといった表示はありません。本来なら、肉類にも内容成分、使用薬剤などを表示して、そこで消費者が選択できるようにすべきなんだけど。

そういう意味も含め、戦後の日本の国土や食生活が大きく変化したことを反映して、私は憲法に「国土と食の安全保障」を盛り込みたいと思っている。

中島　環境権……とまでは言わなくても、山のありがたみのようなものを加えることに違和感はないよね。

重徳　山や自然、あるいは農業も含めてだけど、ずっと私たちが大切にしてきたもの、ですよね。言うなれば日本の原風景であり、日本人のDNAです。あえて言うなら保守なんですよね。保守の神髄のようなものです、これ。だけど、これを〝環境〟と言っちゃえば、リベラルに聞こえる。こういうことでもわかるように、保守だ、リベラルだ、なんてもうやめよう、と言うことですね。

森田　先ほども山に住む話が出ましたが、「山にも住める環境整備」はほんとうに進めたいですね。そのためには多くの法整備や制度が必要になってくるでしょうが、どんな仕組みでも、とにかく電気が通れば、ネットがつながれば住める環境になるわけです。そうした環境を整えておけば、山に住みたいという人も出てくる。仙人のような生活になるなら「ちょっとなあ」となりますが、通信が使えて、ドローンの配送も使えるようになれば、後はなんとかなるでしょう。山でもちゃんと人間的な暮らしができる、これまでやって来たような、山を削って土地をつくって、というような〝開発〟ではなく……。

中島　たしかにいろいろな規制を取っ払ったり、新しい制度も必要になるかもしれないけど、い

まならできるんじゃないか。

森田　いま「山でも人間的な暮らしができる」と言いましたが、「山でも」ではなく「山だから人間的な暮らしができる」が正しいですね。重徳さんが言われた、我々日本人が大切にしてきたものですから。

中島　最近、小学校の交流授業などで、都会の小学生たちが私の地元の山梨へ来ていますが、子どもたちは自然と触れ合って、楽しそうに過ごしています。反対に、山梨の子どもたちも都会で楽しそうにしているんだとは思うんだけど、精神的なワクワク感が全然違うはず。朝起きて少し山の中に入れば、カブトムシやクワガタがその辺にいるんだから。

おわりに

政治家は、元来バラバラ。政権をとるには胆力がいる

この10年余り、私自身、激動の国政に翻弄されてきました。そのなかで一つの真理にたどり着きました。政権をとるためには、政党は大きくならなければならないという、いわば当たり前のことです。

元来、政治家は一人ひとりバラバラです。だからみんなが「自分はほかの議員と考え方が違う」と言い出せば、〝一人一党〟に帰結してしまいます。衆参700人の議員には700の政党、です。

各選挙区でも、独自の主張をすることが有権者にはもっとも受け入れられやすい面があります。実際、私は4回の選挙のなかで、無所属で出馬して「しげとく党」と訴えたときに、もっとも多くの票をいただきました。

しかし、中央政界で政権をとるには、多くの仲間が必要です。小選挙区を基本に、政権を争う

制度において、政党の使命はバラバラの政治家たちを、できるだけ大きくまとめることです。その上で、大政党の向かうべき方向を定めて、政権を奪取して、時の党執行部が国家の指針を決めるのです。小さな政党は、ほかの政党との違いや独自色を見せやすく、スラッとして、スリムでカッコいいのですが、残念ながら永久に政権の主軸にはなれません。

いま野党に足りないのは、ずばり〝胆力〟です。たとえ考え方が異なる、やり方が反対の議員であっても、真摯にお互いの政策に耳を傾け、どこで折り合いをつけるか探りつつ議論するのも、政党の重要な機能なのです。

直諫の会は、俗に言う「リベラル」でも「保守」でもありません。ならば「中道」なのかと言うと、それとも異なります。そうした永田町やメディアによるイデオロギーのレッテル貼りなんかにとらわれているから、日本の政治は硬直化し、新しい世界観を打ち出せなくなってしまっているのです。

我々は、永田町の古い常識を超え、大局的に物事を判断する「大きな政治」と、将来に不安を持つ若者たちの立場から、長期的視野に立ち、自民党には絶対できない政策を断行する「新しい改革」を主軸に、野党を大きく成長させ、必ず政権をとります。

これが、本書のタイトル『どうする、野党!?』に対する我々の答えです。

本書では直諫の会メンバー15人が、それぞれ得意な分野、テーマで忌憚なく政策を語り合っています。より政治に詳しく、感度の鋭い有権者の方々には少々物足りないところがあるかもしれません。しかし、政策を語り始めるとどうしても、より詳しく語りたくなり、つい専門的で難しくなってしまうのが政治家の性でもあります。

そこで、本書の企画が持ち上がったとき、会の執行部の私を含めた5人の編集委員が目指したのは、「中学生のみなさんにも伝わる」ような内容と形式の書籍にするということでした。

政治や行政、経済の専門家はもちろん、若い方々をはじめ、より多くの方々が手に取ってくださり、ページをめくっていただけることを願うばかりです。

最後に、日々行動をともにしている、直諫の会メンバーの山崎誠さん、井坂信彦さん、落合貴之さん、桜井周さん、森田としかずさん、伊藤俊輔さん、中谷一馬さん、塩村あやかさん、藤岡隆雄さん、高松さとしさん、編集委員として編集作業に力を注いでくれた青柳陽一郎さん、中島克仁さん、源馬謙太郎さん、篠原豪さんに、あらためて御礼申し上げます。それぞれ政治活動に多忙を極めながら、本書の出版意図を理解し、惜しみなく時間を割いてくれたみなさんは、国の将来を憂い、国難に立ち向かう、胆力をもった政治家であり、大切な仲間です。

また、小熊慎司さん、野間健さん、緑川貴士さんはじめ今回の執筆に参加していない直諫の会の仲間や関わりのあるすべての議員、総支部長のみなさん、企画から編集、出版まで編集者としておつき合いくださった倉本哲さん、河原崎直巳さん、進行管理含め各議員ほかとのやりとりに

多くの時間を費やしてくださった篠原豪事務所の大城知恵秘書はじめ各議員秘書のみなさん、出版に際して多くの要望をお聞きくださった幻冬舎の小林駿介さん、ありがとうございました。

そして、なにより私たちが政治に注力できるように日々支えていただいている家族、秘書、地元でご支援いただいているみなさまにも、この場を借りてあらためて御礼を申し上げるとともに、かならずや国家の舵をとり、この国の将来に明るい希望をつくり出すことを誓います。

2023（令和5）年8月吉日　　立憲民主党　直諫の会　会長　重徳和彦

カバーデザイン　萩原弦一郎（256）
本文デザイン・DTP　美創
企画・構成　倉本 哲

どうする、野党!?
「大きな政治」と「新しい改革」で、永田町の常識を喝破！

2023年9月15日　第1刷発行

著　者　直諫の会
重徳和彦　中島克仁　青柳陽一郎　篠原 豪　源馬謙太郎
山崎 誠　井坂信彦　落合貴之　桜井 周　森田としかず
伊藤俊輔　中谷一馬　塩村あやか　藤岡隆雄　高松さとし

発行人　見城 徹
編集人　福島広司
編集者　小林駿介

発行所　株式会社 幻冬舎
〒151-0051　東京都渋谷区千駄ヶ谷4-9-7

電話　03(5411)6211(編集)
03(5411)6222(営業)
公式HP：https://www.gentosha.co.jp/
印刷・製本所　中央精版印刷株式会社

検印廃止

Printed in Japan
ISBN978-4-344-04163-9　C0031

この本に関するご意見・ご感想は、
下記アンケートフォームからお寄せください。
https://www.gentosha.co.jp/e/